50 EJERCICIOS para COMBATIR EL ESTRÉS

Libros publicados en esta colección

50 ejercicios para sentirte a gusto con tu cuerpo
Bernadette Lamboy

50 ejercicios para comunicarte mejor con los demás
Jean-Philippe Vidal

50 ejercicios para combatir el estrés
Laurence Levasseur

Laurence Levasseur

50 EJERCICIOS para COMBATIR EL ESTRÉS

Terapias Verdes

Título original
50 exercices pour gérer son stress
© 2009 Groupe Eyrolles, Paris, France

Primera edición : noviembre de 2010
© de esta edición : Terapias Verdes, S.L.
www.terapiasverdes.com
ediciones@terapiasverdes.com
© de la traducción: Josep Carles Laínez

Diseño de la cubierta: Galith Sultan

Fotocomposición: Víctor Igual, S.L.
Mallorca, 374, 08013 Barcelona
Impresión: Gráficas 94, S.L.
Polígono Can Casablancas,
calle Garrotxa, nave 5
08192 Sant Quirze del Vallès

Depósito legal: B-33.395-2010
ISBN: 978-84-92716-64-7

Sumario

Introducción

Hace cuarenta años, la palabra «estrés» apenas empezaba a conocerse. Ahora es una realidad que se considera un problema habitual en la vida moderna. El estrés es el sino de una gran mayoría de personas en su trabajo, pero también afecta a los niños, a los adolescentes y a nuestros mayores. Esta situación se agrava año tras año.

No podemos ignorar el estrés o sencillamente tolerarlo mientras esperamos que la situación se torne menos exigente. Las presiones no van a desaparecer: forman parte de nuestra vida diaria «normal». Lo que hemos de aprender es cómo combatir nuestro estrés.

Según la Agencia Europea para la Seguridad y la Salud en el Trabajo, el estrés «aparece cuando hay un desequilibrio entre la percepción que una persona tiene de las obligaciones que le impone su entorno y la percepción de sus propios recursos para hacerles frente. Aunque el proceso de evaluación de las obligaciones y de los recursos es de orden psicológico, los efectos del estrés no son únicamente de naturaleza psicológica. Afectan igualmente a la salud física, al bienestar y a la productividad».

Este libro te permitirá aprender a conocer y dominar tu estrés. Tras una serie de ejercicios de autodiagnóstico para identificarlo mejor, pasaremos a desarrollar tu confianza, tu determinación y tu asertividad. Las unidades subsiguientes te propondrán diversos ejercicios de relajación y de técnicas mentales de visualización, todos ellos encaminados a guiarte hacia la concepción de un plan de acción personal.

1
·

Tomar en consideración los problemas

Para combatir tu estrés con eficacia, hay que averiguar cuál es su origen: qué factores lo provocan y qué mecanismos lo engendran. Con esta información, te será más fácil saber cómo actuar para impedir que las tensiones acaben provocándote un estrés crónico con toda su comitiva de males físicos y psíquicos que trae aparejados.

Esta **primera clave** te va a situar en la vía del cambio.

Como es habitual al inicio de todo proceso de cambio, lo primero que se ha de hacer es discernir **en qué estado te encuentras actualmente**.

Ejercicio n° 1. Evalúa tu nivel de estrés

Antes de comenzar, ¡seamos claros! Mucho estrés perjudica la salud, pero poco estrés tampoco es deseable. ¿Tú dónde te encuentras?

En las afirmaciones siguientes, marca la cifra que se ajuste a ti. Suma luego los totales por columna.

Forma de vida	Nunca	Casi nunca	A menudo	Casi siempre
Duermo el número de horas que se adapta a mis necesidades.	3	2	1	0
Como en horas fijas.	3	2	1	0
Cuando estoy nervioso, tomo tranquilizantes.	0	1	2	3
En mi tiempo libre, veo la televisión.	0	1	2	3
Hago ejercicio físico habitualmente.	3	2	1	0
Como deprisa.	0	1	2	3
Tomo los alimentos grasos y azucarados que me apetecen (huevos, embutidos, queso, helados, pasteles...).	0	1	2	3
Como mucha fruta y verdura.	3	2	1	0

Forma de vida	Nunca	Casi nunca	A menudo	Casi siempre
Bebo agua entre comidas.	3	2	1	0
Como entre comidas.	0	1	2	3
Tomo un desayuno abundante.	3	2	1	0
Ceno poco.	3	2	1	0
Fumo.	0	1	2	3
Bebo alcohol.	0	1	2	3
En mi tiempo libre, busco la naturaleza y el aire libre.	3	2	1	0
Tengo un hobby que me relaja.	3	2	1	0
Total por columna	A=	B=	C=	D=
TOTAL MODO DE VIDA (A + B + C + D)				

Entorno	Nunca	Casi nunca	A menudo	Casi siempre
Mi familia es bastante ruidosa.	0	1	2	3
Necesito más espacio en casa.	0	1	2	3
Todas mis cosas están ordenadas.	3	2	1	0
Gozo de un ambiente familiar agradable.	3	2	1	0
Mis vecinos son escandalosos.	0	1	2	3
Hay mucha gente donde vivo.	0	1	2	3

Entorno	Nunca	Casi nunca	A menudo	Casi siempre
Mi casa está limpia y en orden.	3	2	1	0
En casa, me relajo en tranquilidad.	3	2	1	0
Mi cuarto es demasiado pequeño.	0	1	2	3
Somos demasiados bajo un mismo techo.	0	1	2	3
Me gusta la decoración de mi casa.	3	2	1	0
Mi casa es lo suficientemente grande para mis necesidades.	3	2	1	0
En mi barrio, huele mal.	0	1	2	3
Mi barrio es muy ruidoso.	0	1	2	3
El aire de mi localidad es puro.	3	2	1	0
Las calles de mi barrio están limpias y cuidadas.	3	2	1	0
Total por columna	A=	B=	C=	D=
TOTAL ENTORNO (A + B + C + D)				

Síntomas	Nunca	Casi nunca	A menudo	Casi siempre
Me suele doler la cabeza.	0	1	2	3
Suelo tener dolores abdominales.	0	1	2	3
Hago bien la digestión.	3	2	1	0
Voy regularmente al aseo.	3	2	1	0

Síntomas	Nunca	Casi nunca	A menudo	Casi siempre
Tengo molestias en la zona lumbar.	0	1	2	3
Tengo taquicardias.	0	1	2	3
No soy alérgico a nada.	3	2	1	0
Tengo sofocos.	0	1	2	3
Tengo opresión en la espalda y el cuello.	0	1	2	3
Mi tensión arterial es moderada y constante.	3	2	1	0
Tengo una memoria normal que no se deteriora.	3	2	1	0
No tengo apetito.	0	1	2	3
Me siento cansado y sin energía.	0	1	2	3
Padezco de insomnio.	0	1	2	3
Sudo mucho (incluso sin hacer ejercicio).	0	1	2	3
Lloro y me deprimo con facilidad.	0	1	2	3
Total por columna	**A=**	**B=**	**C=**	**D=**
TOTAL SÍNTOMAS (A + B + C + D)				

Trabajo	Nunca	Casi nunca	A menudo	Casi siempre
Mi trabajo diario me origina tensiones.	0	1	2	3
En mi tiempo libre, pienso en problemas del trabajo.	0	1	2	3
Mi horario laboral es regular.	3	2	1	0
Mis ocupaciones me permiten comer en casa.	3	2	1	0
Me llevo trabajo a casa para el fin de semana o para por la tarde.	0	1	2	3
Tengo varios empleos.	0	1	2	3
Cuando trabajo, no me parece que pase el tiempo.	3	2	1	0
Me siento útil y satisfecho en mis ocupaciones.	3	2	1	0
Tengo miedo de perder mi trabajo.	0	1	2	3
No me llevo bien con mis compañeros de trabajo.	0	1	2	3
Tengo una buena relación con mi jefe.	3	2	1	0
Tengo un puesto estable.	3	2	1	0
Mi automóvil es una herramienta de trabajo.	0	1	2	3
Se me olvida comer cuando quiero terminar una tarea.	0	1	2	3

Trabajo	Nunca	Casi nunca	A menudo	Casi siempre
Soy competente en mis funciones.	3	2	1	0
Creo que mi jefe aprecia mi trabajo.	3	2	1	0
Total por columna	A=	B=	C=	D=
TOTAL TRABAJO (A + B + C + D)				

Relaciones	Nunca	Casi nunca	A menudo	Casi siempre
Me siento feliz cuando soy amable y cortés con las personas.	3	2	1	0
Confío en los demás.	3	2	1	0
Me molesta que mis proyectos dependan de otros.	0	1	2	3
Las discusiones me afectan mucho.	0	1	2	3
Tengo amigos que me escuchan.	3	2	1	0
Estoy satisfecho de mi vida sexual.	3	2	1	0
Doy importancia a la opinión de los demás sobre mí.	0	1	2	3
Me gusta que lo que hago sea mejor que lo de los demás.	0	1	2	3
Mis compañeros de trabajo son mis amigos.	3	2	1	0

Relaciones	Nunca	Casi nunca	A menudo	Casi siempre
Tengo paciencia para escuchar los problemas de los demás.	3	2	1	0
Pienso que mi pareja (o amigo) debe cambiar mucho para que nuestra relación sea buena.	0	1	2	3
Hablo demasiado.	0	1	2	3
Cuando no estoy de acuerdo con alguien, elevo la voz.	0	1	2	3
Envidio lo que tienen los demás.	0	1	2	3
Cuando discuto con alguien pienso en lo que voy a decir mientras habla.	0	1	2	3
Me pone nervioso recibir órdenes.	0	1	2	3
Total por columna	**A=**	**B=**	**C=**	**D=**
TOTAL RELACIONES (A + B + C + D)				

Personalidad	Nunca	Casi nunca	A menudo	Casi siempre
En general estoy satisfecho con mi vida.	3	2	1	0
Me gusta hablar bien de la gente.	3	2	1	0
Me molesta que conduzcan lento delante de mí.	0	1	2	3

Personalidad	Nunca	Casi nunca	A menudo	Casi siempre
Si hay cola en una taquilla, no me espero.	0	1	2	3
Soy generoso conmigo mismo dándome plazos.	3	2	1	0
Tengo confianza en el futuro.	3	2	1	0
Suelo pensar en lo peor.	0	1	2	3
Me gusta hacer las cosas a mi manera y me molesta cuando no es posible.	0	1	2	3
Tengo sentido del humor.	3	2	1	0
Me gusta mi forma de ser.	3	2	1	0
Me saca de quicio que me molesten cuando estoy haciendo algo.	0	1	2	3
Soy perfeccionista.	0	1	2	3
Pienso en los que me deben dinero.	0	1	2	3
Me ponen frenético los embotellamientos.	0	1	2	3
Me aburro pronto en vacaciones.	0	1	2	3
Temo desarrollar algún día una enfermedad grave.	0	1	2	3
Total por columna	A=	B=	C=	D=
TOTAL PERSONALIDAD (A + B + C + D)				

Análisis de los resultados

Calcula tu puntuación.

Apunta los resultados de cada categoría en el cuadro siguiente:

Modo de vida	
Entorno	
Síntomas	
Trabajo	
Relaciones	
Personalidad	
TOTAL DE PUNTOS	**E =**

Añade 3 puntos si:

Tienes entre 35 y 60 años.	
Estás separado o divorciado.	
Vives en una gran ciudad.	
Tienes al menos 3 niños a tu cargo.	
Estás en el paro.	
TOTAL DE PUNTOS	**F =**

Añade 2 puntos si:

Tienes entre 25 y 34 años.	
Estás soltero o eres viudo.	
Vives en una pequeña ciudad.	
Tienes 1 ó 2 niños a tu cargo.	

Tienes un empleo temporal	
TOTAL DE PUNTOS	**G =**

TOTAL GENERAL DE PUNTOS	**E + F + G =**

Si tienes entre 0 y 48 puntos: tu nivel de estrés es peligrosamente pobre. Necesitas una chispa de energía para lograr el éxito que se espera de acuerdo con tus capacidades.

Si tienes entre 48 y 72 puntos: gozas de un nivel bajo de estrés. Quizá se debe a una naturaleza tranquila y pacífica en un entorno favorable. Tu situación es óptima y está alejada de riesgos de infartos, de úlceras y de otras enfermedades asociadas al estrés. Sin embargo, también puede deberse a que tus esfuerzos estén por debajo de tus capacidades, y que necesites de vez en cuando un reto que te impulse a mayor actividad.

Si tienes entre 72 y 120 puntos: es la zona normal de estrés. La mayoría de las personas se encuentran, como tú, en este nivel. En tu vida se suceden las tensiones y los momentos de relax. El estrés que experimentas te permite sobre todo conseguir tus objetivos, no es permanente y se halla compensado por periodos de tranquilidad. Estas alternancias forman parte integrante del equilibrio humano.

Si tienes entre 120 y 144 puntos: tu nivel de estrés se considera elevado. Examina cuidadosamente cada ámbito de tu vida para descubrir los problemas a los que debes encontrar con urgencia una solución. Intenta analizar el problema desde diferentes ángulos: la alimentación, el ejercicio físico, la relajación, el apoyo de alguien de confianza. Adopta una actitud positiva y trata de ser amable con todos. Aplica las técnicas de gestión del estrés que te presentaremos en los ejercicios siguientes.

Si tienes más de 144 puntos: tu nivel de estrés se considera peligroso. Perteneces al grupo reducido de personas muy estresadas cuyos problemas requieren de atención inmediata. Trata de salir de esta situación, busca ayuda, hay problemas que una persona no puede afrontar sola.

Ejercicio nº 2. Descubre tu tipo de estrés

El presente ejercicio está inspirado en las investigaciones de Friedman, Rosenman, Bandura y Kobasa sobre los vínculos entre estrés y estructura de personalidad.

En las afirmaciones siguientes, marca la cifra que se ajuste a ti. Saca luego los totales por columna y súmalos para obtener el total general.

	Nunca	Raramente	A veces	Frecuentemente	Siempre
1. Trabajo mucho.	1	2	3	4	5
2. Me horroriza correr riesgos.	1	2	3	4	5
3. Como me da miedo olvidarme de las cosas, hago listas.	1	2	3	4	5
4. Cuando debo tomar una decisión, me siento muy tenso.	1	2	3	4	5
5. Cuando no logro lo que había previsto, me deprimo en silencio.	1	2	3	4	5
6. Tengo la tendencia de hacer algo diferente cuando escucho a alguien.	1	2	3	4	5
7. Mi vida está hecha de casualidades.	1	2	3	4	5

8. Necesito reglas, estructuras y organización para trabajar.	1	2	3	4	5
9. Suelo sufrir alergias.	1	2	3	4	5
10. Cuando explico algo, lo explico con profusión.	1	2	3	4	5
11. No sé descansar.	1	2	3	4	5
12. Necesito planificar mi tiempo, los imprevistos me estresan.	1	2	3	4	5
13. Odio perder.	1	2	3	4	5
14. Necesito ser el mejor en todo lo que hago.	1	2	3	4	5
15. Soy muy activo.	1	2	3	4	5
16. Sobrecargo la agenda, tengo todo el tiempo ocupado.	1	2	3	4	5
17. Detesto hacer colas, pero nunca me «cuelo».	1	2	3	4	5
18. Cuando me han de presentar a alguien, siento aprensión.	1	2	3	4	5
19. No sé divertirme.	1	2	3	4	5
20. Empiezo muchas cosas a la vez.	1	2	3	4	5
21. Dicen que soy tranquilo, pero bullo por dentro.	1	2	3	4	5
22. Siempre voy con prisa.	1	2	3	4	5
23. Siempre llego tarde.	1	2	3	4	5
24. Soy irritable.	1	2	3	4	5
25. Detesto ser el primero en dar una opinión.	1	2	3	4	5
Total por columna					
TOTAL GENERAL					

Análisis de los resultados

Si tienes entre 96 y 125 puntos, te es difícil resistir a las tensiones, es mejor evitar situaciones estresantes.

Si tienes entre 36 y 95 puntos, eres capaz de controlar tu estrés sin demasiados esfuerzos.

Si tienes entre 25 y 35 puntos, eres apto para desenvolverte bien bajo presión.

Vuelve a tus respuestas y marca en la tabla siguiente los números de los enunciados a los que les has dado 4 ó 5 puntos.

Tipo A					Tipo B					
5	6	7	11	13	1	2	3	4	8	9
14	15	16	17	20	10	12	18	19	21	25
22	23	24								

*Si tienes al menos cinco números marcados de la parte A, perteneces sobre todo al **tipo de personalidad A**. Estas personas (en torno al 50 % de la población) siempre van con prisa, son impacientes, irritables; rechazan toda forma de debilidad, hacen muchas cosas, necesitan un alto nivel de estímulo. Son combativas, a veces agresivas, dispuestas a todo para triunfar. Se dedican enormemente a su trabajo, son a veces demasiado perfeccionistas y tienen un sentido de la responsabilidad muy desarrollado. Están sujetas a enfermedades coronarias, pues muy a menudo se encuentran en estado de urgencia, segregan adrenalina en abundancia, requiriendo un ritmo cardiaco rápido y una alta tensión arterial.*

*Si tienes al menos cinco números marcados de la parte B, perteneces sobre todo al **tipo de personalidad B**. Estas personas se controlan socialmente, son «tranquilos por fuera». No exteriorizan sus reacciones. No parece gustarles la competición, y menos todavía los conflictos. Para ellas, nada parece urgente, dan muestras de mucha paciencia y se muestran sumisas y conciliadoras. Segregan cortisol en grandes cantidades. Están más sujetas a depresiones nerviosas, a enfermedades autoinmunes, a cánceres, a adicciones.*

Si tienes menos de cinco números marcados en uno u otro lado, perteneces más bien al **tipo de personalidad C**. Estas personas son más calmadas, menos estresadas, se enfadan con más dificultad, están más interesadas por la calidad de su trabajo que por la cantidad. Dan muestras de solidez emocional y poseen el sentido de la eficacia personal. Los cambios no los sienten como amenazas, y saben adaptarse con flexibilidad.

Según se pertenezca a un tipo o a otro, se debe aprender a combatir el estrés, sin cambiar necesariamente de tipo.

Ejercicio nº 3. Lleva un diario de estrés

¿Quizá llevabas, de adolescente, un diario íntimo, un cuaderno de sueños, de ideas o de citas? ¿Quizá tu médico te ha pedido que comiences un cuaderno donde apuntes tu seguimiento nutricional, la evolución de tu tensión o de tu diabetes? Todo ello te ayuda a conocerte mejor, a averiguar cuáles son tus hábitos o tus puntos de interés.

Yo te propongo que lleves durante varios días (de una a dos semanas, tiempo adecuado para reunir suficiente material de análisis) un «diario de estrés».

Compra una libreta y copia la tabla de la página siguiente. Apuntarás lo que esté asociado a situaciones estresantes que vivas, siguiendo las explicaciones siguientes.

1. Acabas de vivir una situación estresante: apunta la fecha y la hora, y resume en pocas palabras en qué ha consistido.

2. Apunta ahora los síntomas que has experimentado. Presta sobre todo atención al modo en que tu cuerpo responde al estrés: ¿estás tenso, agitado, agotado...?

Aquí tienes, por si te puede servir de ayuda, una lista no exhaustiva de síntomas:

- **síntomas físicos:** dolores (cólicos, de cabeza, musculares, articulares, etc.), alteraciones del sueño, del apetito y de la digestión, sensación de ahogo o de opresión, sudor anormal, etc.;

- **síntomas emocionales:** aumento de la sensibilidad y del nerviosismo, crisis de lágrimas o nerviosa, risa floja...;

- **síntomas intelectuales:** vacío de memoria, imposibilidad de concentrarse...;

- **síntomas del comportamiento:** modificación de los hábitos alimenticios, comportamientos violentos y agresivos, retraimiento, etc.

3. Apunta ahora lo que has sentido: miedo, ira, tristeza, vergüenza...

4. Por último, intenta identificar las ideas que te han pasado por la cabeza (ej.: «¡lo estrangularía!», «¡tierra, trágame!»...).

Fecha Hora	Situaciones	Síntomas	Sentimientos	Pensamientos

Comentario

Si es posible, escribe tu diario «en caliente», justo después del suceso estresante, si no, recapitula cada noche, o cada mañana, a tu gusto.

Ejercicio n° 4. Analiza tu última situación de estrés

Para ello, nos basaremos en la escala de evaluación del estrés (*appraisal life events scale*) definida por Ferguson, Matthews y Cox (1999).

Piensa en algún acontecimiento de tu vida que haya sido particularmente estresante. Su análisis, siguiendo las etapas tal y como aparecen en este ejercicio, te permitirá comprender mejor la naturaleza de tu estrés.

1. Describe a continuación el suceso más estresante al que te hayas enfrentado en los últimos tres meses.

_____

_____

_____

2. Indica en qué medida cada uno de los adjetivos de la lista siguiente describe mejor tu percepción del suceso en el momento en que se produjo, marcando una de las cifras de esta escala de 6 puntos, que va de **0** (nada) a **5** (absolutamente).

En el momento en el que se produjo, el suceso fue...					
amenazador	0	1	2	3	4	5
provocador (como un desafío)	0	1	2	3	4	5
intolerable	0	1	2	3	4	5
espantoso	0	1	2	3	4	5

En el momento en el que se produjo, el suceso fue...						
agradable	0	1	2	3	4	5
doloroso	0	1	2	3	4	5
inquietante	0	1	2	3	4	5
estimulante	0	1	2	3	4	5
deprimente	0	1	2	3	4	5
hostil	0	1	2	3	4	5
embriagador	0	1	2	3	4	5
lamentable	0	1	2	3	4	5
espantoso	0	1	2	3	4	5
instructivo	0	1	2	3	4	5
aterrorizador	0	1	2	3	4	5
excitante	0	1	2	3	4	5

Comentario

Según los adjetivos que hayas atribuido a esta situación estresante, podrás averiguar el aspecto negativo o positivo que reviste el estrés para ti. ¿Vives el estrés como un motor, como un estímulo para avanzar, o más bien como un factor de agotamiento, un freno desmoralizador?

Ejercicio n° 5. Identifica tus principales estresores

Para ello, vamos a utilizar el cuestionario de eventos estresantes de vida (*stressful life events questionnaire*) de K. Nott y K. Vedhara (1995) (siguiendo a C. Bidan-Fortier, 2001).

En un primer momento, evaluarás tu nivel de estrés global en los últimos seis meses. Después, localizarás en la lista de experiencias que te propongo las que hayas vivido realmente estos últimos seis meses.

1. En una escala del 1 al 10 (1 = nada estresante, 10 = extremadamente estresante; las puntuaciones intermedias sirven para matizar tu valoración), marca el número que mejor describa tu nivel de estrés en los últimos seis meses.

1   2   3   4   5   6   7   8   9   10

2. En el cuadro siguiente, utiliza la primera columna para señalar los acontecimientos que hayas vivido.

3. Indica en la segunda columna («Marcador de estrés») la cantidad de estrés que corresponde al nivel de estrés que hayas sentido, utilizando una escala del 1 al 10.

En los últimos seis meses...	Sí / no (haz una cruz)	Marcador de estrés
Has vivido disputas familiares.		
Has tenido disputas con tu pareja.		
Has padecido una enfermedad benigna / sufrido una operación.		
Un amigo íntimo / un familiar ha tenido una enfermedad grave.		
Tu pareja ha muerto.		
Un amigo íntimo / un familiar ha muerto.		

En los últimos seis meses...	Sí / no (haz una cruz)	Marcador de estrés
Has roto con tu pareja.		
Te has separado de tu pareja por dificultad en la relación.		
Te has separado por una dificultad distinta a la relación en sí.		
Has tenido problemas / dificultades con un amigo íntimo.		
Has suspendido un examen.		
Has abandonado un proyecto que te gustaba especialmente.		
Has perdido o te han robado un objeto que tenía para ti un gran valor.		
Has tenido problemas con tus compañeros de trabajo.		
Has tenido problemas con tu jefe.		
Te han degradado.		
Te han despedido.		
Has estado en el paro, buscando trabajo sin encontrarlo.		
Ha habido cambios en tu trabajo que han sido difíciles de asumir.		
Te han obligado a mudarte.		
Has tenido problemas económicos.		
Has tenido problemas con la policía.		
Te has visto implicado en un grave accidente.		
Has tenido problemas con tus vecinos.		

En los últimos seis meses...	Sí / no (haz una cruz)	Marcador de estrés
Has tenido problemas referentes a tu sexualidad.		
Han contado mentiras sobre ti o te han amenazado verbalmente.		
Te han pegado o te han amenazado físicamente.		
La salud de un allegado empeora.		
Sientes que tu salud se deteriora.		
Tu médico te ha dicho que tu salud se deteriora.		
Total		

Análisis de los resultados

Si no has marcado ninguna casilla, no tienes ninguna fuente exterior de estrés, ninguna razón objetiva para que te sientas estresado.

Si tienes menos de 60 puntos, tienes razones objetivas de estar ligeramente estresado.

Si tienes entre 60 y 120 puntos, tienes razones objetivas para estar moderadamente estresado.

Si tienes entre 120 y 200 puntos, tienes razones objetivas para estar muy estresado.

Si tienes más de 200 puntos, tienes razones objetivas para estar extremadamente estresado, y te sería seguramente de mucha utilidad recibir ayuda psicológica.

Compara ahora estos resultados con la cifra de estrés global que has señalado a comienzo del ejercicio A. Según tu opinión, ¿tus motivos para estar estresado son objetivos o subjetivos?

Ejercicio n° 6. Analiza la forma en que te estresas

Vamos a plantearte diversas preguntas siguiendo la escala de estrés percibido (*perceived stress scale*) de Cohen, Kamarck y Mermelstein (1983) (citado por B. Quintard, 1994). Tienen que ver con tus sensaciones y pensamientos durante los pasados treinta días. Para cada una de ellas, te pediremos que nos indiques cómo te has sentido en el último mes.

Aunque algunas preguntas del test se parezcan, hay diferencias entre ellas, y debes considerar cada una como independiente del resto. El mejor modo de completarlo es responder rápidamente.

No intentes contar cuántas veces te has sentido de tal o cual manera, sino más bien indica la respuesta, entre las cinco propuestas, que te parezca más cercana a la realidad.

Haz una cruz en la casilla que corresponda a tu respuesta.

¿En el último mes, cuántas veces...	Nunca (0)	Casi nunca (1)	En alguna ocasión (2)	Varias veces (3)	Con mucha frecuencia (4)
1. Te ha perturbado un imprevisto?					
2. Te ha parecido difícil controlar las cosas importantes de tu vida?					
3. Te has sentido nervioso y estresado?					

¿En el último mes, cuántas veces...	Nunca (0)	Casi nunca (1)	En alguna ocasión (2)	Varias veces (3)	Con mucha frecuencia (4)
4. Te has enfrentado con éxito a los pequeños problemas y molestias cotidianas?					
5. Has sentido que te enfrentabas eficazmente a los cambios importantes que ocurrían en tu vida?					
6. Has confiado en tu capacidad para asumir tus problemas personales?					
7. Has sentido que las cosas marchaban como querías?					
8. Has pensado que no podías abarcar todo lo que habías de hacer?					
9. Has sido capaz de controlar tu nerviosismo?					
10. Has sentido que dominabas la situación?					
11. Te has enfurecido porque los acontecimientos escapaban a tu control?					
12. Te has sorprendido pensando en cosas que debías sacar adelante?					

¿En el último mes, cuántas veces...	Nunca (0)	Casi nunca (1)	En alguna ocasión (2)	Varias veces (3)	Con mucha frecuencia (4)
13. Has sido capaz de controlar el modo en que pasabas el tiempo?					
14. Te has dado cuenta de que las dificultades crecían hasta un punto en que no podías superarlas?					

Análisis de las respuestas

Copia en la tabla siguiente, de cara al número de cada pregunta, la puntuación que has otorgado a cada una de las frases y suma horizontalmente para hallar los dos totales:

											Total -	
											Total +	

Lleva tus dos totales a los platillos de la balanza: ¿observas cómo se inclina el estrés?

Ejercicio n° 7. Identifica lo que puedes cambiar

Los tests precedentes y sobre todo llevar durante algunas semanas tu diario de estrés te han proporcionado suficiente información para comprender mejor las situaciones en las que estás estresado, cuáles son tus estresores y cómo se manifiesta tu estrés.

Elige un lugar tranquilo donde puedas analizar toda la información que has recabado.

1. Identifica lo que puedes cambiar planteándote las siguientes cuestiones:

- ¿Puedo evitar o eliminar los estresores?
- ¿Puedo reducir su intensidad?
- ¿Puedo acortar mi exposición al estrés?
- ¿Puedo dedicar el tiempo y la energía necesarios para cambiar?

2. Anota las respuestas en tu diario de estrés o a continuación.

- -

- -

- -

- -

3. Resume de forma muy simple y directa en qué podrías cambiar.

Por ejemplo:

Constato que _____

_____

Por tanto, voy a _____

_____

Comentario

Este ejercicio es un primer balance para guiarte hacia el cambio. Así, pues, a partir de la reflexión que acabas de hacer, podrás utilizar con provecho los próximos ejercicios.

Ejercicio n° 8. Haz un inventario de tus síntomas de estrés

El estrés se manifiesta por diversos síntomas físicos y/o psicológicos. ¿Cuáles son las señales que te envía? Este ejercicio está inspirado en los trabajos de Jacques Lafleur, psicólogo clínico, y Robert Béliveau, médico.

Identifica en el cuadro los síntomas de estrés que has sentido en el último mes.

A cada síntoma lo acompañan las cifras 0, 1, 2 y 3. Haz una cruz en:

- el 0 si no has sentido en absoluto el síntoma en cuestión;
- el 1 si lo has sentido un poco o raramente;

- el **2** si lo has sentido moderadamente o con frecuencia;
- el **3** si lo has sentido mucho o continuamente.

Observación: los enunciados en itálica describen manifestaciones de un estado de estrés deseable que denominamos equilibrio (volveremos sobre ello en el comentario). Responde también a ellos.

Síntomas físicos	0	I	2	3
Síntomas de tensión muscular				
Mis músculos están bastante relajados.				
Mi rostro está en tensión (mandíbulas apretadas, frente crispada, etc.).				
Tengo tensión en la nuca o el cuello.				
Siento opresión en los hombros.				
Estoy crispado (tengo los puños cerrados, tendencia a sobresaltarme, etc.).				
Siento dolor en un punto entre los omoplatos.				
Tengo dolores de cabeza.				
Tengo dolores de espalda.				
Tengo temblores.				
Necesito moverme continuamente.				
Tengo dificultad para relajarme.				
Otros síntomas físicos				
Estoy perfectamente de salud.				
Me siento cansado.				
Siento un nudo en el estómago.				
Siento una bola en la garganta.				
Envejezco deprisa.				

Síntomas físicos	0	1	2	3
Tengo ojeras.				
Duermo mal / tomo pastillas para dormir.				
Como más / menos de lo habitual.				
Siento sofocos o escalofríos.				
Tengo palpitaciones.				
Normalmente tengo fríos los pies o las manos.				
Sudo, tengo las manos húmedas.				
Tengo mareos o vértigos.				
Tengo la respiración agitada o dificultad para respirar profundamente.				
Hago mal la digestión.				
Tengo ardor de estómago.				
Voy estreñido / de diarrea.				
Tengo náuseas.				
Tengo alteraciones menstruales.				
Soy hipertenso.				
Algunos de mis síntomas físicos se han agravado (artritis, hipoglucemia, colesterol, úlceras...).				

Síntomas psicológicos	0	1	2	3
Síntomas emocionales				
Siento alegría.				
Cualquier cosa me pone nervioso.				
Siento pánico.				
Soy impaciente.				

Síntomas psicológicos	0	I	2	3
Tengo los nervios a flor de piel.				
Me siento frustrado.				
Me cambia el humor por nada.				
Me enfado por nada.				
Estoy de mal humor.				
Estoy triste.				
Estoy deprimido.				
Síntomas perceptuales				
Creo que la vida es agradable.				
Ya no tengo sentido del humor.				
Me siento agobiado o desbordado.				
No disfruto de los pequeños placeres de la vida.				
Estoy preocupado.				
Todo me parece una montaña.				
Siempre temo que alguien me pida algo.				
He perdido la confianza en mí mismo.				
Hago un drama de cualquier tontería.				
Tengo una actitud negativa, todo me lo tomo mal.				
Pienso que no valgo gran cosa o que nunca hago nada bueno.				
Síntomas motivacionales				
Me motivan mis proyectos.				
Mi trabajo es lo primero.				
No sé lo que quiero.				

Síntomas psicológicos	0	1	2	3
Me falta entusiasmo.				
No me apetece hacer nada.				
He perdido el interés por muchas cosas.				
Tengo problemas para ponerme a hacer algo, siempre lo dejo para mañana.				
He perdido el deseo de aprender, de formarme.				
No quiero proyectos estimulantes, desafíos.				
Estoy desanimado.				
Me contento con hacer lo que se exige de mí.				
Síntomas comportamentales				
Casi siempre actúo de forma sana y correcta.				
Tengo comportamientos bruscos, gestos torpes, tiro las cosas.				
Lo hago todo deprisa (comer, caminar, moverme, trabajar, etc.).				
Doy golpes con el pie, con los dedos, me muerdo los labios, las uñas, me río nerviosamente, etc.				
Siempre estoy mirando la hora que es.				
Me salto las comidas.				
Invierto cada vez más esfuerzos para cada vez menos resultados.				
Evito todo lo que puedo evitar.				
Bebo más alcohol o café o fumo más.				
Tomo tranquilizantes.				
Consumo droga.				

Síntomas psicológicos	0	1	2	3
Síntomas intelectuales				
Me siento en plena posesión de mis facultades mentales.				
Paso mucho tiempo con entretenimientos fáciles (televisión, cotilleos, juegos, etc.).				
Tengo un volcán de ideas en la cabeza.				
Tengo ideas fijas.				
Tengo las ideas claras.				
Rumio las mismas cosas, les doy vueltas sin cesar.				
Tengo dificultad en concentrarme.				
Tengo fallos de memoria.				
No produzco nada intelectualmente.				
Creo que todo es demasiado complicado				
Soy un cabeza hueca.				
Síntomas relacionales				
Me siento bien con los demás y me siento bien solo.				
Me da miedo conocer a nuevas personas.				
Soy intolerante.				
Tengo mucho resentimiento.				
Experimento agresividad constantemente.				
Tengo dificultades para ser amable.				
Me molesta escuchar a los demás.				
Rehúyo la relaciones íntimas.				
Me distraigo cuando estoy en compañía de otras personas.				

Síntomas psicológicos	0	1	2	3
Mi deseo sexual ha cambiado.				
Me aíslo.				
Síntomas existenciales				
Creo que la vida es bella.				
Me siento un inútil.				
No sé a qué valores aferrarme.				
Mi vida espiritual ha cambiado.				
Tengo la impresión de que algo se ha roto en mi interior.				
Tengo la impresión de que ya no me reconozco.				
Estoy para el arrastre.				
Tengo un sentimiento de vacío.				
Pienso que la vida no tiene sentido.				
Estoy desesperado.				
Tengo ideas suicidas.				

Análisis de los resultados

Este cuestionario nos ayuda a tomar conciencia del conjunto de manifestaciones de nuestra tensión actual. Según su naturaleza, su intensidad (si se tienen algunas pérdidas de memoria es menos grave que si se olvida todo), y su número, nuestros síntomas nos muestran que estamos equilibrados (la vida es bella, me siento bien con los demás, etc.) o desequilibrada (estoy desanimado, siento cansancio, etc.); y este desequilibrio puede ser mayor o menor (tener ideas suicidas es más grave que mirar continuamente la hora).

La idea es ser conscientes de nuestro estado de tensión constante. Observar es una primera etapa. Cuanto mejor sepamos cuál es nuestro nivel de estrés, más podremos trabajar para reducirlo.

La naturaleza de los síntomas

Tu nivel de estrés es muy elevado si has puesto un 2 o un 3 tras cualquiera de los síntomas siguientes. En este caso, sería bueno que buscaras la ayuda de un profesional.

Estos síntomas son: envejezco deprisa, siento pánico, tengo los nervios a flor de piel, estoy deprimido, me aíslo, he perdido el deseo de aprender, evito todo lo que puedo evitar, no me apetece hacer nada, invierto cada vez más esfuerzos para cada vez menos resultados, tengo la impresión de que ya no me reconozco, tengo la impresión de que algo se ha roto en mi interior, estoy desesperado, estoy para el arrastre o tengo ideas suicidas.

Si has puntuado con 1 alguno de estos síntomas, es preciso que hagas cambios pronto para evitar que tu estado se agrave.

La intensidad de los síntomas

Los síntomas del estrés van unidos. Si has puntuado con 2 o con 3 al menos cinco de las ocho categorías del test, estás demasiado estresado y te sería muy beneficioso cambiar las cosas para vivir mejor.

El número de los síntomas

No hay un número de síntomas por debajo de los cuales todo vaya bien y por encima todo vaya mal. Dicho esto, si sientes moderada o fuertemente más de quince síntomas (puntuados con 2 ó 3), merece la pena que trabajes para rebajar tu tensión. Si tienes cuarenta o más, difícilmente podrás esconder que algo va mal.

Los índices de equilibrio

Cada categoría de síntomas comienza con un índice escrito en itálica que manifiesta un estado de equilibrio. Son tan importantes como los demás. Así, si pensamos que la vida es bella, si tenemos proyectos y energía, si nos sentimos bien solos o con los demás, probablemente estamos cerca del equilibrio, incluso si ocasionalmente tenemos dolores de cabeza y a veces dificultad para concentrarnos.

¡Vuelve a este cuestionario regularmente!

Tus respuestas te indican tu grado de tensión actual. En algunos meses, según los cambios que hayas puesto en marcha, y según los nuevos acontecimientos que hayan marcado tu vida, tu grado de tensión podrá haber evolucionado. Por ello es útil apuntar la fecha en la que has rellenado el cuestionario, conservar los resultados y responder de nuevo en algunos meses, y así periódicamente.

2.

Confiar: en ti mismo y en los demás

La **segunda clave** nos va a hacer cambiar de postura, nos va a hacer pasar de la desconfianza a la **confianza**. Esta clave es una herramienta del análisis transaccional, cuyo padre es el psiquiatra americano Eric Berne. Se trata de las **Posiciones de Vida.**

A pesar de las obligaciones externas (agentes estresantes externos) que sólo son factores disparadores del estrés, podríamos decir que la mayoría de las veces nos estresamos solos. El estrés que sentimos proviene a veces de una «distorsión cognitiva» –la distancia entre lo que vemos o lo que nos gustaría ver y lo que se halla verdaderamente en la realidad objetiva.

Ejercicio n° 9ª : Descubre tus Posiciones de Vida preferentes

En el léxico del análisis transaccional, una Posición de Vida es un comportamiento general, una posición en la relación con el otro. A los cuatro modos de verse uno mismo y de ver a los demás corresponden cuatro Posiciones de Vida.

En cada uno de los grupos que verás a continuación, pertenecientes a ámbitos de la vida laboral, has de repartir 10 puntos entre las cuatro actitudes que se indican, en función de la frecuencia con la que actúes así.

Temas de vida profesional	Puntos
Estilo de negociación	
a) Siempre hay un ganador y un perdedor. Me las arreglo para ser el ganador.	
b) Si quieres ganar, gana, yo no pienso luchar.	
c) Quizá me engañes, pero yo también te engañaré.	
d) Tengamos en cuenta los intereses de todos para llegar a un acuerdo satisfactorio.	
	Total: 10
Estilo de mando (si no tienes subordinados, imagínate en esa situación)	
a) Me justifico, me defiendo, a veces crítico, a veces me protejo.	
b) Utilizo el control y la persuasión. No dudo en presionar.	

Temas de vida profesional	Puntos
c) Ayudo a la gente. Mi simpatía me ayuda a ser aceptado.	
d) Informo, y juntos analizamos los problemas y las posibilidades.	
	Total: 10
Abordaje de los problemas	
a) Intento eludirlos, y me las apaño.	
b) Me ciño a los objetivos, y también a la calidad de vida de todos.	
c) Me preocupa sobre todo mantener los objetivos.	
d) Obro de manera que todos estén satisfechos.	
	Total: 10
Actitud frente a las normas	
a) Para mí, las normas son las normas. No hay más que hablar.	
b) Las normas son cosas buenas. Insisto para que se cumplan.	
c) Las normas son útiles, pero no hemos de ser esclavos de ellas.	
d) Pienso que debemos esforzarnos en seguir las normas.	
	Total: 10
Visión de los conflictos	
a) Los conflictos pueden ser útiles. Nos proporcionan ocasiones para progresar.	
b) No me gustan los conflictos, dañan las relaciones.	
c) Pienso que primero se ha de pensar en el trabajo y no arreglar el mundo.	
d) No es asunto mío.	

Temas de vida profesional	Puntos
	Total: 10
Reacción frente a la cólera	
a) No me gusta enfrentarme a la cólera, me resulta pesado.	
b) La cólera me convierte en alguien muy desagradable y desconfiado.	
c) En caso de cólera, provoco una buena confrontación.	
d) No me gusta la gente que se muestra colérica, le doy vueltas al rencor.	
	Total: 10
Actitud hacia los superiores	
a) Sé cuáles son los puntos débiles de mi superior. Critico o manipulo.	
b) Trabajo lo mejor que puedo. Espero que se me valore.	
c) Zapatero a tus zapatos.	
d) Dialogamos, intercambiamos opiniones, negociamos.	
	Total: 10
Humor	
a) Se ríen a mi costa.	
b) Soy irónico a toda hora.	
c) Sé decir la palabra que relaja y libera tensiones.	
d) Mi humor es cáustico y mordaz.	
	Total: 10

Análisis de los resultados

Anota los puntos obtenidos por cada frase en cada tema, y suma cada columna.

	+/+	+/–	–/+	–/–
Estilo de negociación	d	a	b	c
Estilo de mando	d	b	c	a
Abordaje de los problemas	b	c	d	a
Actitud frente a las normas	c	b	d	a
Visión de los conflictos	a	c	b	d
Reacción frente a la cólera	c	d	a	b
Actitud hacia los superiores	d	a	b	c
Humor	c	d	a	b
Número de puntos				

Si tu puntuación es importante en la categoría +/+: eres del tipo **positivo**. Tienes fe en ti mismo y en los demás. Reaccionas de forma dinámica y constructiva frente a los problemas que se te plantean. Piensas como estratega y sabes ganar sin aplastar.

Si tu puntuación es importante en la categoría +/–: eres del tipo **combativo**. Te determinan los objetivos, y sólo cuenta el resultado. Reaccionas más con tu inconsciente que con tu «entendimiento». Muy a menudo tienes un comportamiento dominante y los sucesos los traduces en términos de poder. Te sería de gran utilidad trabajar sobre la escucha.

Si tu puntuación es importante en la categoría -/+: eres del tipo **conciliador**. Tienes el don de la comunicación; te guían las emociones y estás atento a los demás. Más inclinado a aceptar que a replicar, huyes de las situaciones de conflicto. Quizá no te valoras lo suficiente. Te sería útil trabajar sobre la asertividad (cf. ejercicio *n° 42*).

Si tu puntuación es importante en la categoría -/-: eres del tipo **defensivo**. *Casi siempre replegado en ti mismo, no confías ni en ti ni en los demás, y te quedas al margen. Poco optimista, no esperas gran cosa de los demás, y ni siquiera de ti mismo; ¡eres como un erizo! Necesitas entrar en una vía de desarrollo personal.*

Atención, no olvides observar en el cuadro las situaciones que han obtenido menos de 5 puntos en +/+, y sobre todo las que han obtenido 5 o más puntos en -/-. A estas habrás de dedicarles mayor esfuerzo para cambiar de posición.

Ejercicio n° 9b. Diagrama de las Posiciones de Vida

Las Posiciones de Vida que acabamos de distinguir pueden visualizarse esquemáticamente con ayuda de un diagrama.

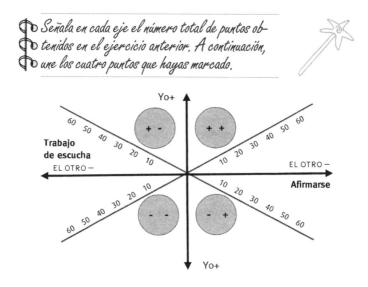

Señala en cada eje el número total de puntos obtenidos en el ejercicio anterior. A continuación, une los cuatro puntos que hayas marcado.

Fíjate en el cuadrilátero que acabas de dibujar.

Comentario

Si el cuadrilátero se parece a una flecha extendida sobre el eje +/+, ¡enhorabuena!, eres una persona que confía en sí misma y en los demás.

Si está abombado por el lado +/-, te aconsejo que perfecciones tu escucha.

Si, por el contrario, se halla abombado por el lado -/+, te aconsejo que seas más asertivo.

*En nuestra civilización occidental, desde pequeños, se nos incita a ser competitivos. ¿Quién de nosotros no ha oído nunca una frase del tipo: «Ha corrido más rápido que su hermano», «Habla mejor que el vecinito que tiene dos meses más», etc. ¿Quién no ha oído nunca a los mismos niños, desde el parvulario, decir: «Mi mamá es más guapa», «Mi papá tiene un coche más grande», «Tengo más juguetes que tú», etc.? Esta **posición de competición** es tan estresante que Japón, donde se lleva en los niños hasta el extremo, es el país con mayor número de suicidios infantiles*

*En esta competición, hay un ganador y un perdedor. Podemos partir de la situación de **dominio (+/-)**, la de quien tiene plena confianza en su personalidad y en sus propios medios, y es muy displicente hacia los demás: «Es normal que todo el mundo me obedezca, yo sé lo que hay que hacer y los demás son unos ignorantes». Por el contrario, se puede partir de la posición de **sumisión (-/+)** minusvalorándose y poniendo a los demás en un pedestal: «No sé cómo hacen para ser tan brillantes, yo no lo lograré nunca». Pero, cuidado, muy a menudo estos dos roles se alternan: «Yo te minusvaloro, tú me minusvaloras».*

*La posición de **destrucción (-/-)** es suicida: «El mundo es malo, no valgo nada, desaparezco». O incluso una posición que se desarrolla mucho en la actualidad, la del terrorista kamikaze: «El mundo es malo, no valgo nada, me destruyo y al mismo tiempo lo destruyo». En un sentido más atenuado, podemos hallar esta posición en los automovilistas en un embotellamiento: «Yo no pasaré, pero tú tampoco».*

Cuando estoy en posición de **cooperación (+/+),** confío en mí mismo y en el otro: «¡A ver qué podemos ganar los dos!». Se la llama también posición ganador-ganador. Es la única posición antiestrés, pues ya no te encuentras en posición de supervivencia frente a los demás y de los cuales desconfías, sino en una verdadera posición de vida con los demás en quienes tengo plena confianza.

Ejercicio n° **10** • Desarrolla tu posición de cooperación en la pareja

Acabamos de ver que la única posición que no genera estrés es la de cooperación... Sin embargo las relaciones de pareja pueden implicar situaciones estresantes. ¿Cómo hacer, pues, para situarse en posición de cooperación +/+?

En un lugar donde estés tranquilo, completa las tres columnas que encontrarás a continuación: en la primera, describe rápidamente la situación estresante; en la segunda, el comportamiento inadecuado que has tenido; y, en la tercera, el comportamiento alternativo que habrías podido tener para estar en posición de cooperación.

Situación estresante	Posición de Vida en esta situación	**Comportamiento alternativo: cómo comportarse para estar en cooperación (+/+)**
Emma está a punto salir de la oficina. Esta cansada porque su jefe la ha sobrecargado de trabajo, y su único deseo es dejarse caer en la cama. Su pareja la llama a la salida del trabajo para que acuda a un restaurante, pues ha reservado una mesa para esa noche.	Ella se siente agredida por esta toma de decisión unilateral. El corazón le palpita a toda velocidad, aprieta los dientes y los puños. Responde con un tono perentorio y desagradable: «¡Me lo habrías podido consultar, antes de hacer esa tontería!» Y comienza la pelea. Le arde el pecho y explota la ira. Está en dominio (+/-).	Ella responde: «Reconozco que eres un encanto por pensar en que tengamos un momento de relax. Es una buena idea. ¿Pero sabes lo que me relajaría de verdad? Que nos quedáramos en casa y acostarme pronto. ¿A ti te apetece más salir? Entonces, ven a buscarme, pues no me veo con ánimos de ir andando hasta allá. Y si no, podemos llamar para que nos traigan preparada una cenita japonesa y nos estamos tranquilamente en casa. ¿Qué eliges?».
Tu situación estresante	**La Posición de Vida que has adoptado:**	**El comportamiento alternativo que habrías podido adoptar:**

Comentario

La próxima vez que te encuentres en la situación que has descrito, no te dejes llevar por tus hábitos y adopta el comportamiento alternativo +/+ que has propuesto.

Ejercicio nº 11 · Desarrolla tu posición de cooperación en la familia

Al igual que las relaciones de pareja, las que se establecen en el seno de la familia (padres/hijos, por ejemplo) son muchas veces causa de estrés. ¿Puedes proponer alguna forma de adoptar una posición de cooperación?

En un lugar donde estés tranquilo, completa las tres columnas que encontrarás a continuación: en la primera, describe rápidamente la situación estresante; en la segunda, el comportamiento inadecuado que has tenido; y, en la tercera, el comportamiento alternativo que habrías podido tener para estar en posición de cooperación.

Situación estresante	Posición de Vida en esta situación	Comportamiento alternativo: cómo comportarse para estar en cooperación (+/+)
María vuelve del trabajo y se encuentra tirados por el salón las zapatillas de deporte, los calcetines, el jersey, la cartera del colegio de su hijo de 15 años, así como un gran tarro de queso blanco vacío en el sofá con la cuchara y un vaso sucios al lado. Ella guardaba este tarro en la nevera para hacer una tarta por la tarde. Oye música en la habitación de su hijo...	No se siente demasiado feliz, pero se traga su genio porque su hijo está en plenos exámenes, y aún ha de dar gracias de que no se haya ido por ahí con sus compañeros. Pliega la ropa y la guarda, pone los calcetines a la puerta de su habitación, limpia el sofá y se va a comprar queso blanco. «La verdad es que es imposible que un adolescente colabore en las tareas domésticas». Se siente desamparada por completo, está en posición de sumisión (-/+)	No toca nada y llama a la puerta de la habitación: «Eduardo, ya sé que te encanta el queso blanco, pero justamente quería hacer una tarta esta tarde y el tarro está vacío. ¿Puedes ir a comprar otro al supermercado, por favor? Ah, si necesitas los calcetines, están en el salón con otras cosas que podrás poner en un lugar más adecuado cuando vuelvas».
Tu situación estresante	**La Posición de Vida que has adoptado:**	**El comportamiento alternativo que habrías podido adoptar:**

Comentario

La próxima vez que te encuentres en la situación que has descrito, no te dejes llevar por tus hábitos y adopta el comportamiento alternativo +/+ que has propuesto.

Ejercicio nº 12. Desarrolla tu posición de cooperación en el trabajo

Por último, además de la pareja y la familia, el trabajo es donde las exigencias de éxito y de resultados pueden ser causa de estrés. ¿Cómo evitar una situación estresante y adoptar, en cambio, un comportamiento de cooperación?

En un lugar donde estés tranquilo, completa las tres columnas que encontrarás a continuación: en la primera, describe rápidamente la situación estresante; en la segunda, el comportamiento inadecuado que has tenido; y, en la tercera, el comportamiento alternativo que habrías podido tener para estar en posición de cooperación.

Situación estresante	Posición de Vida en esta situación	Comportamiento alternativo: cómo comportarse para estar en cooperación (+/+)
El compañero de Manuel habla demasiado alto por teléfono con su interlocutor, un cliente descontento, y lleva así un rato... Manuel no consigue concentrarse en el documento que ha de acabar para esta tarde, comete errores con su ordenador, da golpecitos sobre la mesa con un bolígrafo y en el suelo con el pie.	Piensa: «¡Ya me ha hartado su cara dura! ¿Quién se cree que es? ¿Quiere saber lo que es molestar?» Descuelga el teléfono y llama a un cliente hablando todavía más alto que su compañero, para enseñarle lo que es ser desagradable. El interlocutor está un poco desconcertado y de momento sólo responde con onomatopeyas, mientras que Manuel monologa vociferando sin ni siquiera comprender lo que dice. Ya es completamente imposible concentrarse en este ambiente saturado de decibelios, pero «si le molesta, peor para él, que él empezó». Está en estado de destrucción (-/-).	Se coloca de forma que su compañero lo pueda ver, y le hace gestos para atraer su atención, hasta que este deje de hablar y le pregunte qué le pasa. Manuel dice: «No parece fácil llevar esa conversación, y te lo tomas demasiado a pecho, tanto que estoy más atento a lo que tú dices que a lo que estoy haciendo y necesito acabar; ¿podrías hablar más bajo para que me concentre de nuevo en mi propio trabajo? Gracias».
Tu situación estresante	**La Posición de Vida que has adoptado:**	**El comportamiento alternativo que habrías podido adoptar:**

Comentario

La próxima vez que te encuentres en la situación que has descrito, no te dejes llevar por tus hábitos y adopta el comportamiento alternativo +/+ que has propuesto.

Ejercicio n° 13 • Evalúa qué influencia tienes en tu vida

La imagen que tenemos de nosotros mismos guía nuestros actos y alimenta nuestra energía. Es necesario que tengamos confianza en nosotros para dedicarnos con toda nuestra energía a nuestros proyectos y ser eficaces.

Evidentemente, nos será más fácil lograrlo en un entorno que tengamos bajo nuestro control. Este se mide por la tendencia que tengamos de creer que nuestros éxitos y nuestros fracasos dependen ante todo de nosotros mismos o, por el contrario, que dependen ante todo de las circunstancias exteriores.

Por tanto, estamos más motivados y activos si tenemos una imagen de nosotros mismos positiva y un control positivo de la realidad.

Aquí tienes un test de evaluación de tu perfil de eficacia. Está compuesto por 40 afirmaciones referidas a tu propia imagen o al grado de control de los acontecimientos. Al responder, pondrás de manifiesto tu perfil personal.

1. Para cada conjunto de cuatro afirmaciones, has de repartir 10 puntos entre ellas, según el peso y la importancia que concedes a cada una en relación a las demás.

1. Recibo a todos mis clientes con mucho entusiasmo.	
2. Cuando falta tiempo, no se puede ser eficaz.	
3. Raros son los límites indeludibles.	
4. La eficacia depende de los medios de que se dispone.	
	Total: 10
5. Trato habitualmente de incorporar nuevos métodos para ser más eficaz.	
6. Puedo realizar una gran cantidad de trabajo en poco tiempo.	
7. Las normas no sirven para nada.	
8. Cuantos más años tengo, más difícil me es cambiar de hábitos.	
	Total: 10
9. Trabajo hasta que me agoto, pensando que valía la pena.	
10. Es imposible llegar a estar bien organizado en un entorno caótico.	
11. Pienso que hay muchos métodos de trabajo posibles para encarar un problema.	
12. Se pierde tiempo leyendo la documentación que se recibe.	
	Total: 10
13. Me gusta contar las cosas de mi vida en las que he tenido éxito.	
14. Imaginación creadora no es algo que tenga todo el mundo.	
15. Para tener éxito, hay que tener suerte.	
16. Si es necesario, estoy dispuesto a aguantar el qué dirán.	
	Total: 10

17. Me siento enteramente libre de mis elecciones.	
18. Es lo que uno hace lo que verdaderamente demuestra lo que uno quiere.	
19. Uno no puede evitar que sus compañeros le molesten.	
20. Aún soy capaz de mejorar en muchas situaciones.	
	Total: 10
21. Estoy muy pendiente de mi imagen.	
22. En los cursillos de formación, me presento como voluntario para los ejercicios prácticos.	
23. Todo el mundo depende de sus disposiciones personales.	
24. Hay demasiadas reuniones que no conducen a nada.	
	Total: 10
25. Cuando la situación es difícil es cuando yo estoy mejor.	
26. El teléfono es fuente de molestias.	
27. No soy bueno cuando improviso.	
28. El alcance de un cursillo de formación está limitado por la realidad profesional.	
	Total: 10
29. Mi vida y mi carrera dependen completamente de mí.	
30. Son raras las personas que respetan sus compromisos.	
31. Me gusta darle un toque personal a un trabajo rutinario.	
32. Los obstáculos son para mí una ocasión para superarme.	
	Total: 10
33. No se puede hacer gran cosa contra los imprevistos.	
34. La espontaneidad no se aprende.	

35. Es difícil equilibrar vida profesional y vida personal; hay que sacrificar a la fuerza una de las dos.	
36. Cuando algo me sale mal, analizo por qué y me motivo todavía más para la vez siguiente.	
	Total: 10
37. Cuestiono con facilidad mis costumbres.	
38. De todas maneras, siempre acaban engañándote.	
39. En la mayoría de los casos, sólo preparándote tienes posibilidades de tener éxito.	
40. En nuestra época, estamos condenados a la extenuación.	
	Total: 10

2. Anota junto a cada número de pregunta la nota que le has puesto. Después, saca los totales de cada columna para hallar tu perfil

IMAGEN DE TI MISMO		CONTROL DE LA REALIDAD	
POSITIVO	**NEGATIVO**	**POSITIVO**	**NEGATIVO**
1	2	3	4
5	7	9	10
6	8	11	12
13	14	17	19
16	15	18	24
20	23	25	26
21	27	29	28
22	34	32	30
31	35	36	33
37	38	39	40
Total	**Total**	**Total**	**Total**

3. Ahora sitúate en este diagrama de las actitudes internas, marcando en él los totales que has obtenido. ¿De qué letra estás más cerca?

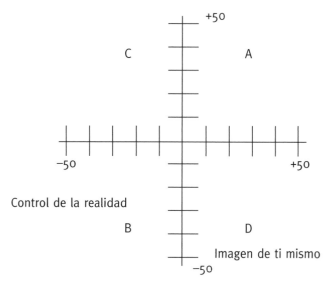

Análisis de los resultados

*Si formas parte del **tipo A**, eres ganador, tienes un alto nivel de energía, tienes confianza en ti mismo, tienes apertura de espíritu, eres innovador, emprendedor.*

*Si formas parte del **tipo B**, eres víctima, dependiente, sumiso, fatalista, ansioso, refractario, rutinario.*

*Si formas parte del **tipo C**, te faltan las habilidades sociales, eres egocéntrico, inestable, ciclotímico, autosatisfecho.*

*Si formas parte del **tipo D**, eres realista, crítico, exigente, cínico, perfeccionista.*

3.

Fijarse objetivos realistas y centrarse en ellos

La **tercera clave** es un verdadero comodín, es la clave del **objetivo**, no sólo útil para combatir el estrés, sino también para organizar nuestra vida.

Podemos fijarnos objetivos anuales, mensuales, semanales, diarios. Estos últimos son los más útiles para ayudarnos a gestionar las presiones de la urgencia.

Ejercicio n° 14 • Determina tus valores

El presente test (inspirado en los trabajos de Claude Dauber-cies) te permitirá acotar mejor tus deseos, conocer los valores en los que crees.

Imagina que el genio de una lámpara maravillosa te concede una segunda vida, y, en su extrema bondad, te deja escoger las bazas de las que dispondrás para tener éxito en ella; sin embargo, la generosidad de tu genio está limitada, pues sólo podrás poseer diez de ellas...

1. En la lista siguiente, selecciona tus diez bazas y puntúalas: de 1 (la más importante) a 10 (la menos importante)

Valores	Nota	Valores	Nota
1. Ser rico		11. Ser indispensable	
2. Ser tolerante		12. Saber siempre hacer frente	
3. Ser alegre		13. Ser jefe	
4. Ser filósofo		14. Ser considerado	
5. Ser cálido		15. Ser sensual	
6. Ser hermoso		16. Ser creativo	
7. Ser deportista		17. Estar seguro de sí mismo	
8. Dar buena impresión		18. Ser firme	
9. Ser respetado		19. Ser elegante	
10. Ser inteligente		20. Apreciar la buena cocina	

Valores	Nota	Valores	Nota
21. Ser honesto		38. Ser ganador	
22. Tener fe en Dios		39. Ser licenciado	
23. Tener fe en sí mismo		40. Ser famoso	
24. Tener un buen piso		41. Ser estimado	
25. Ser libre		42. Ser sincero	
26. Estar cómodo		43. Ser de convivencia fácil	
27. Ser valiente		44. Ser sutil	
28. Ser eficaz		45. Sentir curiosidad por todo	
29. Estar comprometido (social o políticamente)		46. Estar rodeado de niños	
30. Tener éxito en los negocios		47. Tener una familia unida	
31. Estar feliz de vivir		48. Tener tiempo	
32. Tener buena salud		49. Haber servido a una gran causa	
33. Ser amado		50. Vivir en autarquía	
34. Sentirse bien		51. Tener grandes poderes	
35. Sentirme respaldado		52. Ser genial	
36. Ayudar a los demás		53. Ser original	
37. Ser responsable			

2. En la tabla siguiente, anota los puntos que has dado a cada valor (de 1 a 10 para aquellos que has seleccionado, ó 0 para los que no) frente al número correspondiente. A continuación, saca el total de cada columna.

Valores					
Hedo-nistas	Econó-micos	Afectivos	Sociales	Morales	Intelec-tuales
6	1	3	8	2	4
7	24	5	9	12	10
15	26	11	13	17	16
19	30	33	14	18	25
20	38	35	29	21	44
31	50	43	36	22	45
32		46	39	23	52
34		47	40	27	
48			41	28	
			49	37	
			51	42	
			53		
Totales					

Comentario

Hemos distinguido los valores hedonistas (búsqueda del placer), económicos (búsqueda de las posesiones materiales), afectivos (búsqueda de las relaciones afectivas), sociales (búsqueda del poder), morales (búsqueda de la conformidad) o intelectuales (búsqueda del desarrollo personal).

Pero, atención, la interpretación de tus elecciones debe tener en cuenta dos parámetros que interfieren fuertemente.

1er parámetro: tus elecciones pueden ser realizadas sobre valores de tipo «pragmático», privilegiando el tener, el poder, la imagen social (ej.: ser rico, ser jefe, tener un buen piso...)

o sobre valores de tipo **«ético»**, dando preponderancia al alma, el espíritu, el corazón (ej.: creer en Dios, ser creativo, ayudar a los demás). Pero aquí como en todas partes el maniqueísmo lleva al ridículo, primero porque sería aberrante catalogar a los humanos en dos categorías: ¡los hedonistas o los Madre Teresa! Y en segundo lugar porque un segundo parámetro viene a perturbar la sencillez de la clasificación...

2° parámetro: La elección realizada ha podido expresar:

* **lo que eres realmente** (aquello que verdaderamente aceptas);

* **lo que querrías ser** (el poder o la virtud que no tienes, pero que te gustaría tener si pudieses vivir tu vida de nuevo). Es el «síndrome de la gacela», que, al haber vivido perseguida por el león, querría, en la otra vida, ser un poco león a su vez. ¡Hay bobos a los que les gustaría, de vez en cuando, ser Maquiavelo!

* o **aquello a lo que te gustaría parecerte** (el poder o la virtud que te gustaría que los demás reconocieran en ti). Incluso de buena fe, tu autoevaluación puede ser complaciente o estar deformada: ¿podemos mirarla objetivamente?

Intentarás, pues, para evitarte una buena cantidad de estrés, elegir entre lo que es realmente importante para ti y lo que ha de pasar a un segundo plano.

Ejercicio n° 15 • Descubre tus motivaciones

Hasta ahora has reconocido cuáles son tus valores. ¿Qué hay de tus motivaciones? ¿Qué es lo que te mueve en tu vida profesional, por ejemplo?

De las 35 necesidades siguientes, elige las 10 que te parezcan las más importantes de un asalariado. Márcalas en la columna A. Después, escoge 10 que pienses que coinciden en la actualidad con necesidades tuyas satisfechas. Márcalas en la columna B.

Motivación de un asalariado	A	B
1. Un superior competente y eficaz		
2. Una participación frecuente en reuniones profesionales		
3. La libertad de asumir riesgos		
4. Una definición rigurosa de los puestos y las funciones		
5. La seguridad del empleo		
6. El prestigio de la empresa		
7. Elegir las fechas de las vacaciones		
8. Compañeros simpáticos		
9. La posibilidad de poner en práctica las propias ideas		
10. La posibilidad de ascenso y de promoción		
11. Un plan de carrera definido		

Motivación de un asalariado	A	B
12. Una buena integración en el grupo de trabajo		
13. Una empresa cerca del domicilio		
14. La consideración habitualmente dada al trabajo de calidad		
15. La libertad en el trabajo		
16. La posición y el estatus en la empresa		
17. Una comunicación fluida entre las personas		
18. Un marco y un entorno agradables		
19. Una empresa seria y sólida		
20. Un salario elevado		
21. Posibilidades reales de formación y de desarrollo personal		
22. Un buen conocimiento de las normas y sus eventuales sanciones		
23. El respeto hacia todas las personas		
24. Horarios compatibles con la vida familiar		
25. Responsabilidades importantes		
26. Ventajas económicas		
27. Un control del trabajo fiable y eficaz por parte de los directivos		
28. La posibilidad de estar al corriente de la vida de la empresa		
29. La convicción de la importancia y de la utilidad del trabajo propio		
30. Sentirse valorado por los superiores		
31. Largos periodos vacacionales		
32. Realizarse en un trabajo estimulante e interesante		

Motivación de un asalariado	A	B
33. Ventajas sociales particulares		
34. Una total identificación con los objetivos y la política de la empresa		
35. La posibilidad de escoger y de variar las horas de trabajo		

En la tabla de abajo, anota junto al número correspondiente los puntos que has dado a cada frase (2 si la has marcado dos veces, es decir, en las columnas A y B; 1, si la has marcado una vez, en la columna A o en la columna B; ó 0). Suma el total de cada columna.

Necesidad de auto-rrealización		Necesidad de recono-cimiento		Necesidad de acepta-ción social		Necesidad de seguridad		Necesi-dades fisiológicas	
3		6		1		4		7	
9		10		2		5		13	
15		14		8		11		18	
21		16		12		19		24	
29		20		17		22		26	
32		25		23		27		31	
34		30		28		33		35	
Total									

Comentario

Has puesto de manifiesto el tipo de necesidad que deseas ver prioritariamente satisfecho. Fue el sociólogo Maslow quien, en los años 70, en respuesta a la pregunta: «¿Qué mueve a un individuo?», estableció una «pirámide» constituida por las siguientes necesidades:

- en la base, un individuo actúa para satisfacer **necesidades «fisiológicas»**, como dormir, comer, beber;

- en un segundo grado, cuando ha satisfecho sus necesidades fisiológicas, el individuo necesita **seguridad**, por ejemplo conservar su alimento, resguardarse;

- en un tercer nivel, el individuo necesita **ser miembro de un grupo**, de una estructura socializada;

- en cuarto nivel, necesita, en el seno de esta estructura, **ser reconocido**, tener un nombre, un rol social, una función en el grupo (pescador, cazador, juez, etc.);

- por último, deseará **poner su grano de arena** al edificio, o dejar tras él una «gran obra» para las generaciones futuras.

Autorrealización

Necesidades del ego

Necesidades socio-afectivas

Necesidades de seguridad

Necesidades fisiológicas

Ejercicio n° 16 • Define tu objetivo

El presente cuestionario te ayudará a definir tu objetivo a corto o medio plazo.

En un lugar tranquilo, contesta a estas preguntas siendo sincero contigo mismo y dando las respuestas más claras posibles.

1. ¿Qué quieres en realidad?

_____

_____

2. ¿Por qué es importante para ti?

_____

_____

3. ¿Qué te permitiría alcanzar ese objetivo?

_____

_____

4. ¿Qué es lo que te lo impide?

_____

_____

5. ¿Cómo sabrás que has alcanzado tu objetivo?

_____

_____

6. ¿De qué depende que logres tu objetivo?

_____

_____

7. ¿De quién depende que logres tu objetivo?

_____

_____

8. ¿Cómo vas a poder conseguirlo (varias opciones)?

_____

_____

Comentario

Una vez puesto en claro tu objetivo, habrás de tomar la decisión de poner o no en marcha el plan de acción para alcanzarlo.

Ejercicio n° 17 • Escribe lo que verdaderamente quieres

Para definir tus aspiraciones a largo, medio o corto plazo, vas a escribir un poema. ¡Pero tranquilo, que no te lo vamos a exigir de acuerdo a ninguna norma de versificación! Se trata simplemente de dar una justa expresión de tus sentimientos, de tus sensaciones y de tus ideas más personales.

En un lugar tranquilo, escribe con espontaneidad un texto en el que cada verso/frase comience con la palabra «quiero...».

– Ej.: Quiero vivir cada instante de mi vida con intensidad.

– Quiero envejecer rodeado de las personas que amo.

– Quiero _

– Quiero _

– Quiero _

Comentario

El texto que compongas te servirá de ayuda cuando hayas de hacer elecciones en tu vida.

Ejercicio n° **18** • Reflexiona sobre tus prioridades

Has identificado tus motivaciones y tus deseos personales. Ahora vas a aprender también a no perderte en deseos que no son los tuyos, o que no crees prioritarios, y de los que, sin embargo, no te puedes deshacer.

Lee y medita sobre la siguiente narración, después apunta qué es lo verdaderamente importante para ti.

Un día, se le pidió a un viejo lama de Dharamsala que diera una lección sobre la planificación eficaz del tiempo a un grupo de dirigentes de grandes compañías. Esta clase constituía uno de los cinco talleres de su jornada de formación. El anciano sólo disponía de una hora para transmitir su filosofía.

De pie ante ese grupo de elite (que estaba preparado para apuntar todo lo que el sabio iba a enseñarle), el viejo lama los miró uno por uno, lentamente, y luego les dijo: «Vamos a llevar a cabo un experimento». De debajo de la mesa que lo separaba de los alumnos, sacó un inmenso bote Mason de un galón[1], que colocó delicadamente frente a él. A continuación, sacó una docena de pedruscos del tamaño de una pelota de tenis y los metió, también delicadamente, uno por uno, en el bote. Cuando estuvo lleno hasta arriba, y le fue imposible introducir ningún pedrusco más, levantó los ojos hacia sus alumnos y les preguntó: «¿Está lleno el bote?».

Todos respondieron: «¡Sí!». Esperó unos segundos y añadió: «¿Seguro?». Entonces, se inclinó de nuevo y sacó de debajo de la mesa un recipiente lleno de grava. Minuciosamente, la vertió y después agitó levemente el bote. La grava se escurrió por

---

1. Tarro de cristal de más de 4 litros.

entre los pedruscos… hasta el fondo del recipiente. El viejo lama levantó de nuevo los ojos hacia su auditorio y preguntó: «¿Está lleno el bote?».

Esta vez, los brillantes alumnos comenzaron a comprender qué se llevaba entre manos: «¡Probablemente no!». «¡Bien!», respondió el anciano. Se inclinó de nuevo y, esta vez, sacó de debajo de la mesa un frasco con arena. Con sumo cuidado, lo vertió en el bote. La arena se deslizó hasta llenar los espacios existentes entre los pedruscos y la grava. Y de nuevo preguntó: «¿Está lleno el bote?».

Esta vez, sin dudarlo y en coro, el brillante auditorio respondió: «¡No!». «¡Bien!», contestó el viejo lama. Tal y como se esperaban sus prestigiosos alumnos, cogió la jarra de agua que había en la mesa y llenó el bote raso hasta el borde. Levantó los ojos hacia el grupo y preguntó: «¿Qué gran verdad nos muestra este experimento?».

El más audaz de los hombres de negocios, pensando en el tema de la clase, respondió: «Eso demuestra que, incluso cuando creemos que nuestra agenda está completamente llena, si de verdad queremos, podemos añadir más citas, más cosas que hacer». «No —respondió el anciano—. No es eso. La gran verdad que nos muestra este experimento es la siguiente: si no metemos los pedruscos lo primero, no podremos meterlos ya». Hubo un profundo silencio. Todos asumieron la evidencia de estas palabras.

1. Ahora te toca responder a la pregunta del sabio anciano. ¿Cuáles son los «pedruscos» de tu vida? ¿Tu salud? ¿Tu familia? ¿Tus amigos? ¿Realizar tus sueños? ¿Aprender? ¿Defender una causa? ¿Tener tiempo para ti? O… ¿alguna otra cosa?

- -

- -

2. ¿A qué corresponde la «grava» en tu vida? ¿Cuáles son los «granos de arena»?

- -

- -

- -

- -

Comentario

Con lo que nos hemos de quedar, podría concluir nuestro sabio, es con la importancia de meter los pedruscos de la vida en primer lugar, si no, corremos el riesgo de no tener éxito... en la vida. Si damos prioridad a las nimiedades (la grava, la arena), llenaremos nuestra vida de pequeñeces y no tendremos suficiente tiempo precioso para dedicar a los elementos importantes. Así que, no te olvides hacerte tú mismo la pregunta: «¿Cuáles son los pedruscos de mi vida?», y ponlos en primer lugar en tu «bote de Vida». Saber claramente cuáles son tus prioridades te protegerá del estrés.

Ejercicio nº 19 • Fíjate tres objetivos para mañana

Muchas personas elaboran listas de todo lo que tienen que hacer, tachando a medida que lo van llevando a cabo, pero añadiendo todos los días nuevas obligaciones. Estas listas de «cosas que hacer», que nunca se agotan, son terribles instrumentos de estrés que nos echan en cara nuestra imposibilidad de responder a nuestras obligaciones.

Así que, para no estresarse, no hay que plantearse demasiados objetivos al día.

Cada noche, fíjate tres objetivos como máximo para el día siguiente.

Mis tres objetivos para mañana:

1. _

2. _

3. _

Comentario

Al fijarte sólo tres objetivos, te liberarás de la presión de las múltiples obligaciones. Eso no quiere decir que sólo harás tres cosas en todo el día, pero sí que sólo te sentirás obligado a cumplir esos tres objetivos. El tiempo restante que no emplees en la realización de esos tres objetivos lo considerarás tiempo libre, que podrás utilizar en lo que quieras, sin obligación alguna.

Ejercicio n° 20 • Formula con sencillez un objetivo

Un objetivo es un resultado al que queremos llegar, un cambio que queremos traer a una situación. Lo expresamos bajo la forma de un verbo de acción precedido de «quiero» o bajo la forma de un verbo de acción en futuro compuesto, muy eficaz para representarnos la acción ya realizada: «Quiero terminar este texto el lunes por la tarde» o «El lunes por la tarde habré terminado este texto».

Para que un objetivo no se quede en un deseo piadoso, como «arreglar la casa», ha de ser **SMART**, es decir: e**S**pecífico, **M**ensurable, **A**tractivo, **R**ealista y da**T**able.

*Escribe tu objetivo para mañana, para la se-
mana, el mes o el año que viene, a tu gusto,
después comprueba que sea un objetivo
SMART atendiendo a la guía siguiente.*

1. Tu objetivo:

---

2. ¿Es específico (es decir, consta de una sola acción)?

Sí ☐   No ☐

Ej.: *«Quiero arreglar la casa».* No, es demasiado vago. → *«Mañana por la noche, habré puesto en su sitio los libros que tengo
en pilas por el suelo de la habitación».*

3. ¿Es mensurable?

Sí ☐   No ☐

Ej.: *«Quiero arreglar la casa».* No, es demasiado indetermina-
do, ¿en qué veré que la casa está arreglada? → *«Mañana por
la noche, habré puesto en su sitio los libros que tengo en pilas
por el suelo de la habitación».* O con otras palabras: no habrá
libros por el suelo.

4. ¿Es atractivo?

Sí ☐   No ☐

Ej.: *«Quiero arreglar la casa».* Es disuasivo por amplio. → *«Mañana por la noche, habré puesto en su sitio los libros que tengo
en pilas por el suelo de la habitación».* Así, mi habitación será
más agradable.

5.¿Es realista?

Sí ☐   No ☐

Ej.: *«Quiero arreglar la casa».* No, no se puede realizar en un solo día. → *«Mañana por la noche, habré puesto en su sitio los libros que tengo en pilas por el suelo de la habitación».* En un par de horas, debería de estar acabado.

6.¿Es datable?

Sí ☐   No ☐

Ej.: *«Quiero arreglar la casa».* Sin fecha, siempre puedo aplazarlo. → *«Mañana por la noche, habré puesto en su sitio los libros que tengo en pilas por el suelo de la habitación».* Sí, tengo una fecha tope.

7.En función de estas consideraciones, reescribe ahora tu objetivo SMART:

Comentario

Después de algunos tanteos, te será fácil proyectar objetivos reales aplicando la técnica SMART y, por supuesto, alcanzarlos.

4

●

Liberarse de los mensajes de exigencia

La **cuarta clave** nos va a permitir rebajar las urgencias que nos infligimos, hacer desaparecer nuestros estresores internos. Esta clave es también una herramienta del análisis transaccional, nos permite identificar los **mensajes de exigencia** o mandatos parentales que nos inculcaron en nuestra más tierna infancia las figuras parentales y todos aquellos que se ocuparon de nuestra educación.

Se distinguen cinco mensajes de exigencia, estando cada uno de ellos ligado a una creencia que se ha anclado en nosotros: «Date prisa», «Sé fuerte», «Sé perfecto», «Complace», «Esfuérzate». Una serie de tests te van a dar informaciones más precisas sobre estos mensajes internos que nos sumergen en el estrés.

Ejercicio n° 21 • Libérate del «¡Date prisa!»

Cuando el mensaje «¡Date prisa!» está fuertemente anclado en nosotros, es porque una figura parental nos ha hecho creer: «Vas a poder hacerlo todo en el tiempo de que dispones». Y nosotros pensamos: «Debo darme prisa para ser alguien de bien», diciéndonos asimismo muchas veces: «No lo conseguirás si no te das prisa...». Y así, aplicamos a menudo este juicio de valor a los demás: «Date prisa, que eres muy lento».

Responde a las siete preguntas siguientes, saca el total de puntos obtenidos y descubre el antídoto al mensaje de exigencia «Date prisa».

1. ¿Te molesta que los demás sean lentos?
  1. Raramente
  2. Algunas veces
  3. Normalmente, sí
  4. A menudo
  5. Casi siempre

2. ¿Llegas tarde incluso cuando podrías llegar a la hora?

  1. Raramente
  2. Algunas veces
  3. Normalmente, sí
  4. A menudo
  5. Casi siempre

3. ¿Te dices a ti mismo que has de darte prisa?
  1. Raramente
  2. Algunas veces

3. Normalmente, sí
4. A menudo
5. Casi siempre

4. ¿Cómo reaccionas cuando has de hacer una cola?
1. Me es indiferente
2. Espero sin impacientarme
3. Me armo de paciencia.
4. No me gusta
5. Lo detesto

5. ¿Te incomoda el silencio?
1. Muy poco
2. En una medida razonable
3. En cierta medida
4. En una medida importante
5. En gran medida

6. ¿Tamborileas con los dedos o das golpe con el pie como signo de impaciencia?
1. Raramente
2. Algunas veces
3. Normalmente, sí
4. A menudo
5. Casi siempre

7. ¿Dejas las cosas para más adelante y al final te has de poner a ellas en el último minuto?
1. Raramente
2. Algunas veces
3. Normalmente, sí
4. A menudo
5. Casi siempre

Análisis de las respuestas

1. Anota junto a cada número de pregunta la cifra que corresponda a tu respuesta.

2. Suma el total.

Mensaje de exigencia	Pregunta							Total
Date prisa	1	2	3	4	5	6	7	

Si tu puntuación es superior a 20, el mensaje de exigencia «Date prisa» tiene mucho impacto en tu vida y es un factor de estrés importante para ti.

Este es el permiso que te has de dar como antídoto al «Date prisa» que te estrese, cada vez que un pensamiento negativo comience a llenarte la cabeza: «Puedes tomarte el tiempo que necesites para hacer lo que has decidido hacer, que además es importante para ti; ¡incluso tómate un tiempo para no hacer nada, si quieres!».

Ejercicio n° 22. Libérate del «¡Esfuérzate!»

Cuando este mensaje está fuertemente anclado en nosotros es porque una figura parental nos ha hecho creer que «alguien que se esfuerza y se agota siempre es ganador». Nosotros pensamos: «Debo continuar esforzándome si quiero ser alguien de bien», y nos decimos con frecuencia: «Puedes hacerlo mejor, debes proseguir tus esfuerzos una y otra vez». Y así, aplicamos a menudo este juicio de valor a los demás: «No eres lo suficientemente perseverante y trabajador, ¡esfuérzate!».

Responde a las siete preguntas siguientes, saca el total de puntos obtenidos y descubre el antídoto al mensaje de exigencia «Esfuérzate».

1. ¿Te esfuerzas por alcanzar tus objetivos?
1. Raramente
2. Algunas veces
3. Normalmente, sí
4. A menudo
5. Casi siempre

2. ¿Extraes placer de tener éxito sin haber de luchar?
1. Casi siempre
2. A menudo
3. Normalmente, sí
4. De vez en cuando
5. Raramente

3. ¿Eres un adepto de la máxima «inténtalo, inténtalo, inténtalo hasta que lo logres»?
1. Raramente
2. A veces
3. Normalmente, sí
4. La mayoría de las veces
5. Casi siempre

4. ¿Te relajas en cuanto tienes ocasión?
1. Casi siempre
2. Las más de las veces
3. De vez en cuando
4. Algunas veces
5. Raramente

5. ¿Utilizas expresiones como «lo intentaré», «no voy a lograrlo», «es difícil», «es duro», etc.?
1. Raramente

2. En algunos casos
3. Llegado el caso
4. Las más de las veces
5. Casi siempre

6. ¿Te dices a ti mismo o les dices a los demás «Al menos, lo he intentado» o algo parecido?
1. Raramente
2. En algunos casos
3. Llegado el caso
4. Las más de las veces
5. Casi siempre

7. ¿Prefieres la lucha a la victoria?
1. Raramente
2. Algunas veces
3. Normalmente, sí
4. A menudo
5. Casi siempre

Análisis de las respuestas

1. Anota junto a cada número de pregunta la cifra que corresponda a tu respuesta.

2. Suma el total.

Mensaje de exigencia	Pregunta							Total
Esfuérzate	1	2	3	4	5	6	7	

Si tu puntuación es superior a 20, *el mensaje de exigencia «Esfuérzate» tiene mucho impacto en tu vida y es un factor de estrés importante para ti.*

*Este es el permiso que te has de dar como antídoto al «Esfuérzate» que te estrese, cada vez que un pensamiento negativo comience a llenarte la cabeza: «¡***Puedes lograrlo con facilidad, ponte objetivos y cúmplelos!***»*

Ejercicio n° 23 . Libérate del «¡Complace!»

Cuando este mensaje está fuertemente anclado en nosotros es porque una figura parental nos ha hecho creer: «Vas a poder complacer a todo el mundo». Nosotros pensamos: «Para ser alguien de bien, debo complacerte, incluso en detrimento mío», y nos decimos con frecuencia: «Tú no eres lo suficientemente bueno y amable con los demás». Y así, aplicamos a menudo este juicio de valor a otras personas: «Debes complacerme, no eres lo suficientemente amable conmigo».

Responde a las siete preguntas siguientes, saca el total de puntos obtenidos y descubre el antídoto al mensaje de exigencia «Complace».

1. ¿Te sientes obligado a ayudar a los demás?
1. Raramente
2. Algunas veces
3. Normalmente, sí
4. A menudo
5. Casi siempre

2. ¿Ofreces tu ayuda aunque no te la pidan?
1. Raramente
2. En algunos casos
3. Llegado el caso
4. Las más de las veces
5. Casi siempre

3. ¿Utilizas expresiones como «sabe...», «podría...», «muy amable»?

1. Raramente
2. En algunos casos
3. Llegado el caso
4. Las más de las veces
5. Casi siempre

4. ¿Esperas que el otro haya acabado de hablar para tomar la palabra?

1. Raramente
2. A veces
3. Normalmente, sí
4. A menudo
5. Casi siempre

5. ¿Compruebas que los demás estén satisfechos de ti y de tus actos?

1. Raramente
2. En algunos casos
3. Llegado el caso
4. Las más de las veces
5. Casi siempre

6. ¿Piensas que eres responsable de la felicidad de los demás?

1. Raramente
2. A veces
3. Normalmente, sí
4. A menudo
5. Casi siempre

7. ¿Para complacer dices que «sí» cuando quieres decir que «no»?

1. Casi nunca
2. Raramente
3. Llegado el caso
4. A menudo
5. Muy a menudo

Análisis de las respuestas

1. Anota junto a cada número de pregunta la cifra que corresponda a tu respuesta.

2. Suma el total.

Mensaje de exigencia	Pregunta							Total
Complace	1	2	3	4	5	6	7	

Si tu puntuación es superior a 20, *el mensaje de exigencia «Complace» tiene mucho impacto en tu vida y es un factor de estrés importante para ti.*

Este es el permiso que te has de dar como antídoto al «Complace» que te estresa, cada vez que un pensamiento negativo comience a llenarte la cabeza: ***«¡Puedes ocuparte de ti mismo, complácete primero a ti!»***

Ejercicio n° 24 • Libérate del «¡Sé fuerte!»

Cuando este mensaje está fuertemente anclado en nosotros es porque una figura parental nos ha hecho creer: «Vas a poder probar siempre que eres el más fuerte». Nosotros pensamos: «Debo mostrarme «duro» para ser alguien de bien», y nos decimos con frecuencia: «¡No muestres tus puntos débiles ni tus carencias!» Y así, aplicamos a menudo este juicio de valor a los demás: «Debes dominarte y controlarte, eres demasiado emotivo».

Responde a las siete preguntas siguientes, saca el total de puntos obtenidos y descubre el antídoto al mensaje de exigencia «Sé fuerte».

1. En tu opinión, ¿llorar es una debilidad?

1. No, estoy convencido de lo contrario
2. No, no lo creo
3. No sabe, no contesta
4. Creo que sí
5. Sí, estoy firmemente convencido

2. ¿Te dices a ti mismo «No debo aburrir a los demás con mis estados anímicos»?

1. Raramente
2. Algunas veces
3. Normalmente, sí
4. A menudo
5. Casi siempre

3. ¿Les dices a los demás algo como «lamentarse no sirve de nada»?

1. Raramente
2. En algunos casos
3. Llegado el caso
4. Las más de las veces
5. Casi siempre

4. ¿Tus debilidades te ponen incómodo?

1. Muy poco
2. En una medida razonable
3. En cierta medida
4. En una medida importante
5. En gran medida

5. ¿Controlas tus emociones?

1. Raramente
2. En algunos casos
3. Llegado el caso
4. Las más de las veces
5. Casi siempre

6. ¿Reaccionas a algunos problemas diciendo por ejemplo: «Sin comentarios», «Me da igual», «Eso no tiene importancia»?

1. Raramente
2. A veces
3. Normalmente, sí
4. A menudo
5. Casi siempre

7. ¿Piensas que es mejor apañárselas solo?

1. Raramente
2. A veces
3. Normalmente, sí
4. A menudo
5. Casi siempre

Análisis de las respuestas

1. Anota junto a cada número de pregunta la cifra que corresponda a tu respuesta.

2. Suma el total.

Mensaje de exigencia	Pregunta							Total
Sé fuerte	1	2	3	4	5	6	7	

Si tu puntuación es superior a 20, *el mensaje de exigencia «Sé fuerte» tiene mucho impacto en tu vida y es un factor de estrés importante para ti.*

*Este es el permiso que te has de dar como antídoto al «Sé fuerte» que te estrese, cada vez que un pensamiento negativo comience a llenarte la cabeza: «¡**Puedes mostrar tus debilidades, tus emociones, tus sentimientos, muéstrate tal como eres!**»*

Ejercicio n° 25 • Libérate del «¡Sé perfecto!»

Cuando este mensaje está fuertemente anclado en nosotros es porque una figura parental nos ha hecho creer: «Vas a poder ser perfecto al 100%». Nosotros pensamos: «Debo ser perfecto para ser alguien de bien», y nos decimos con frecuencia: «Aún debes hacerlo mejor para ser perfecto». Y así, aplicamos a menudo este juicio de valor a los demás: «Debes ser perfecto e impecable, te dejas ir demasiado».

Responde a las siete preguntas siguientes, saca el total de puntos obtenidos y descubre el antídoto al mensaje de exigencia «Sé perfecto».

1. Para tomar una decisión, ¿qué cantidad de información te gusta tener?

1. Una pequeña cantidad
2. Una cantidad moderada
3. Una cantidad suficiente
4. La mayor posible
5. Toda

2. ¿Te reprochas tus errores?

1. Raramente
2. Algunas veces
3. Normalmente, sí
4. A menudo
5. Casi siempre

3. ¿Consideras suficiente lo que consigues?

1. Casi siempre
2. A menudo
3. Normalmente, sí
4. De vez en cuando
5. Raramente

4. ¿Compruebas muchas veces tu trabajo por temor a un error?

1. Raramente
2. Algunas veces
3. Normalmente, sí
4. A menudo
5. Casi siempre

5. ¿Tiendes a la perfección?

1. Raramente
2. En algunos casos
3. Normalmente, sí
4. A veces
5. Casi siempre

6. ¿Te sientes obligado a ser preciso en tus comunicaciones?

1. Raramente
2. A veces
3. Normalmente, sí
4. A menudo
5. Casi siempre

7. ¿Dices, por ejemplo, «Es lógico», «No es del todo exacto», «Más en concreto...»?

1. Casi nunca
2. Raramente
3. Llegado el caso
4. A menudo
5. Muy a menudo

Análisis de las respuestas

1. Anota junto a cada número de pregunta la cifra que corresponda a tu respuesta.

2. Suma el total.

Mensaje de exigencia	Pregunta							Total
Sé perfecto	1	2	3	4	5	6	7	

Si tu puntuación es superior a 20, el mensaje de exigencia «Sé perfecto» tiene mucho impacto en tu vida y es un factor de estrés importante para ti.

Este es el permiso que te has de dar como antídoto al «Sé perfecto» que te estresa, cada vez que un pensamiento negativo comience a llenarte la cabeza: «¡Puedes equivocarte, cometer errores, enriquece tu experiencia!» Un conocimiento mejor de los mensajes de exigencia, sean cuales sean, permite regular el estrés al que inducen. ¡Y recuerda siempre las frases antídotos!

5

·

Relajarse psíquicamente

La **quinta clave** es la del **cuerpo**, que nos va a permitir construir y mantener nuestras **reservas psíquicas** para gestionar mejor las primeras señales fisiológicas de estrés. Vamos a aprender a conservar nuestro cuerpo abierto a los demás, distendido, confiado, capaz de utilizar todos los sentidos con placer y energía.

Las técnicas **de relajación dinámica** (presentadas aquí por orden de dificultad) pueden ayudarnos a poner a punto nuestro cuerpo en poco tiempo y de modo discreto, incluso en público.

Ejercicio n° 26 • Relájate en pocos segundos

Sabes lo que hay que hacer para conservar un cuerpo sano, te lo recuerdan por todas partes: hacer ejercicio; tener una alimentación equilibrada; evitar el tabaco, el café y otros estimulantes; dormir; tener tiempo libre, etc. Sin embargo, no siempre conseguimos seguir esos consejos totalmente... ¿Sabías que hay también formas más sencillas de relajarse en pocos segundos? Te proponemos que practiques dos.

¿Estás en tensión? Deja un momento tu actividad y fuérzate a bostezar. ¿Te sientes más «blando»? ¡Ahora fuérzate a reír!

1. Bosteza

Algunas veces no necesitamos forzarnos, sólo basta con pensar en ello, y nos entran unas ganas irrefrenables de bostezar. Bosteza cada vez más ampliamente, una y otra vez.

Vas a sentir cómo se deshacen rápidamente todas tus tensiones...

2. Ríe

Al principio, quizá tu risa se parecerá más a un rictus que a otra cosa, pero pronto se convertirá en una verdadera carcajada que te levantará el ánimo.

Comentario

¡Y como el bostezo y la risa son contagiosos, vas a contribuir a la relajación de las personas que te rodean!

Ejercicio nº 27 • Vigorízate

Este ejercicio está particularmente indicado cuando tu cuerpo te envía señales fisiológicas de fatiga ligadas a un estrés negativo.

Realiza este ejercicio de pie, sentado o tumbado.

Golpéate el cuerpo de abajo arriba con los puños cerrados. Mantén la muñeca flexible. Comienza por el lado izquierdo, y después pasa al derecho.

Comentario

¡Has expulsado la fatiga y te encuentras preparado para la acción!

Ejercicio nº 28 • Viaja al país de la sonrisa

Esta es una de las técnicas más sencillas que existen para eliminar el estrés. Como en el ejercicio **nº 26**, habrás de hacer trabajar tus músculos zigomáticos.

Ponte delante de un espejo, sentado o de pie, o mírate en un pequeño espejo de bolsillo. Y... ¡sonríe!

1. Esfuérzate por mantener la sonrisa al menos durante **90** segundos seguidos. Observa en este tiempo las modificaciones de tu rostro, de las mejillas a las comisuras de los labios. ¿Tu sonrisa se parece a una mueca, a un rictus? Relaja los músculos, no fuerces.

2. ¿Sonríen tus ojos?

Comentario

El cerebro concede muy poca importancia al hecho de que te sientas bien en este momento preciso, pues no hace mucha diferencia entre la realidad y el simulacro de la realidad. Por tanto, ordenará la producción de «la hormona de la felicidad», la endorfina en este caso, que te sumergirá en un sentimiento de bienestar.

Ejercicio n° 29 • Transfórmate en Quasimodo

¡Ahora vas a «visitar» el cuerpo del jorobado de Notre-Dame de París! Esta exploración irá acompañada de una toma de conciencia nueva de tu cuerpo y de una relajación de todos tus músculos.

Este ejercicio hay que hacerlo sobre todo de pie, pero puedes también practicarlo sentado delante del ordenador.

1. Con las piernas ligeramente separadas, relajado y flexible, inspira y levanta los hombros lo más alto posible hasta las orejas. Mantente en esa postura durante siete segundos.

2. A continuación, expira dejando caer los hombros.

3. Relaja ahora todo el cuerpo.

4. Vuelve a hacer el ejercicio al menos cinco veces.

Comentario

A lo largo del día, plantéate a menudo las preguntas siguientes: ¿por qué tengo siempre los hombros crispados hacia arriba? ¿En qué situaciones hundo la cabeza en los hombros? ¿De qué o de quién intento protegerme?

Ejercicio nº 30 • Haz como los gatos

Prosigamos. ¿Alguna vez te has fijado en un gato? Cuando se estira, cuando hace sus necesidades, cuando maúlla, cuando juega con una bobina de hilo o sale de caza...

Ponte a cuatro patas, apoyándote en manos y rodillas.

1. En primer lugar, cúrvate como un gato erizado: yérguete sobre tus brazos extendidos; redondea la espalda; frunce el ceño; si quieres, puedes incluso escupir...

2. Ahora transfórmate en un gato que busca a su presa: repliega los brazos; pon los codos en el suelo; levanta las nalgas;

estira tu espalda. Si quieres, puedes incluso mover arriba y abajo tu parte trasera, como el gato cuando toma impulso para saltar.

Comentario

Alterna los dos movimientos una decena de veces, tu columna vertebral se flexibilizará, y tu espalda se relajará.

Ejercicio nº 31 • Tira tus preocupaciones por la ventana

¿Te imaginas que pudieras liberarte de tus preocupaciones como un árbol pierde sus hojas en otoño o como un animal muda su piel?

Ponte de pie y sigue estas instrucciones.

1. Con las piernas ligeramente separadas, agita tus brazos y piernas, como si quisieras desprenderte de ellos.

2. Respira profundamente, si es posible con el vientre.

3. Expira fuertemente haciendo ruido.

Comentario

Te sorprenderá constatar que tus preocupaciones, ideas negras, pensamientos negativos, iras... desaparecen a medida que te agitas.

Ejercicio n° 32 • Transfórmate en un muñeco de látex

¿Te acuerdas de Gaston Latex, la invención en látex de Gaston Lagaffe, réplica de él mismo a tamaño natural?

Ponte de pie. Imagina que tu cuerpo está completamente blando, sin rigidez ni equilibro algunos.

1. Siente estas sensaciones por todo el cuerpo, abandónate, pierdes el equilibrio.

2. Ahora, imagina que el cuerpo completamente blando puede retorcerse en todos los sentidos: cada uno de los miembros, el tronco, la cabeza...

3. Y ahora muévete por la habitación con este cuerpo incontrolable, haz movimientos totalmente descoordinados, siempre a punto de desequilibrarte y caer.

Comentario

¡Ahora estás tan relajado como Gaston!

Ejercicio n° 33 • Relájate progresivamente

Has aprendido antes a relajarte en pocos segundos (cf. Ejercicio n° 26). El ejercicio siguiente es más gradual y progresivo. Espera a disponer de un momento en el que nadie vaya a molestarte y abandónate.

Este ejercicio consiste en tensar uno a uno tus músculos, y después a destensarlos de forma instantánea. Escoge un lugar confortable. Puedes estar de pie, sentado o tumbado.

1. Comienza apretando el puño derecho fuertemente... el calor invade tus dedos, el dorso de la mano, la muñeca, quizá todo el brazo. Abre de golpe el puño: notarás un leve cosquilleo a la vez que la tensión desaparece. Mantén la mano suelta.

2. Ahora, cierra el puño izquierdo; del mismo modo que en la contracción del derecho, siente cómo invade el calor tus dedos, el dorso de la mano, la muñeca, quizá todo tu brazo. Abre de golpe el puño: como en el caso anterior, percibirás un ligero cosquilleo al mismo tiempo que desaparece la tensión. Mantén la mano suelta.

3. Continúa el ejercicio contrayendo y relajando de la misma manera todos los músculos del cuerpo: brazo, frente, ojos, boca, mandíbula, labios, cuello, hombros, pecho, estómago, pantorrillas...

Comentario

Este ejercicio requiere tiempo, pero te permite ser consciente de todo tu cuerpo y llegar a una relajación completa.

Ejercicio n° 34 • Dibuja el infinito

Es difícil aprehender la noción de infinito. Se simboliza con un doble bucle sin principio ni fin, una especie de «ocho horizontal». Este ejercicio de visualización requiere una gran concentración.

Siéntate. Con la espalda recta, relájate sin deformar la postura. Imagina, siguiendo las etapas indicadas, un «ocho horizontal» con la punta de tu nariz.

1. Respira con normalidad, sin forzar y en silencio.

2. Concéntrate en la ida y venida del aire en la respiración. Deja que el ritmo respiratorio circule por sí mismo como un río que sigue tranquilamente su curso.

3. Ahora, muy lentamente, gracias al poder de tu mente y de tu imaginación, siente que un pincel, ligero como una pluma, se posa en la punta de tu nariz.

4. Haciendo movimientos de cabeza muy leves, pequeñas oscilaciones, lentamente o un poco más rápido, describe un «ocho horizontal», el infinito, en la tela blanca imaginaria que está delante de ti, en un sentido y luego en el otro.

5. Con una sonrisa, desmaterializa el pincel del que te has servido y respira un poco más profundamente.

6. Estírate en todas direcciones como un gatito después de una larga siesta o, según el humor que tengas, agítate dinámicamente como un gato inmenso muy flexible.

Comentario

El estrés se ha ido muy lejos. Algunas técnicas de masaje utilizan este movimiento en forma de ocho horizontal, símbolo de estabilidad y de perpetuo comienzo.

Ejercicio n° 35 • Sé la energía

El bienestar nace de una buena circulación de la energía en nosotros. Con este ejercicio, vas a estimular el campo energético de tu cuerpo.

Este ejercicio se realiza preferentemente de pie, si bien puede asimismo hacerse sentado o tumbado.

1. Expira profundamente.

2. En la inspiración, tensa al máximo los músculos de los pies, las piernas, los muslos, las nalgas, el vientre, el tronco y la espalda, los brazos, los antebrazos y las manos.

3. Contrae la totalidad de la musculatura y mantente así en torno a siete segundos.

4. En la expiración, muy lentamente, relaja los músculos uno tras otro.

5. Vuelve a hacer el ejercicio varias veces.

Comentario

Si acometéis este ejercicio entre dos (uno lo hace y otro observa), el observador, colocándose en torno a un metro a espaldas de quien lo hace, podrá sentir la energía que se libera.

Ejercicio n° 36 • Conviértete en marioneta

Más difícil todavía: transfórmate en una marioneta desarticulada. Deberás ser capaz de caer y, por tanto, aprender a soltarte...

Vas a fabricar una marioneta bloqueando progresivamente todas las articulaciones, y después la vas a romper de golpe. Este ejercicio se realiza de pie, en un lugar amplio, sobre un suelo preferentemente blando. Si no eres muy flexible, no lo lleves hasta el final.

1. Ponte en cuclillas, pies separados, todo el cuerpo relajado, los brazos, el tronco y la cabeza colgando suavemente entre tus piernas, los talones levantados. El peso de tu cuerpo reposa en los dedos de los pies. Respira lentamente, si es posible con el vientre.

2. Apóyate en los talones y bloquea los tobillos; el resto del cuerpo relajado, respira lentamente.

3. Bloquea las rodillas; el resto del cuerpo siempre relajado, respira lentamente.

4. Bloquea las caderas; la parte superior del cuerpo siempre relajada, respira lentamente.

5. Endereza la espalda vértebra por vértebra; los hombros, los brazos y la cabeza completamente relajados, respira lentamente.

6. Extiende los brazos; antebrazos y cabeza aún relajados, respira lentamente.

7. Estira los antebrazos; manos y cabeza completamente relajados, respira lentamente.

8. Estira las manos; la cabeza aún relajada, respira lentamente.

9. Endereza el cuello; la cabeza siempre relajada, respira lentamente.

10. Endereza la cabeza, respira lentamente.

11. Levántate sobre la punta de los pies y siente tu tensión extrema, tu fuerza.

Apoya los talones.

Suelta los puños.

Suelta los codos.

Afloja los hombros.

Afloja la cabeza.

Suelta el cuello y que caiga la barbilla sobre el pecho.

Relaja toda la espalda a la vez.

Relaja las rodillas y rueda por tierra como una bola.

Respira lentamente.

12. Ponte en pie con lentitud.

Comentario

Este ejercicio de relajación muscular te permite tener conciencia de todo tu cuerpo y lograr una relajación completa.

Ejercicio n° 37 • Déjate hundir en la cálida arena

Dejarse hundir en una cálida arena es una práctica cercana a la autohipnosis; por ella accedemos a un estado mental de menor vigilancia y de relajación aceptando no dirigir voluntariamente el curso de nuestros pensamientos. Descartaremos las ideas inútiles o inoportunas de las fases de pensamiento voluntario.

Este ejercicio se practica tumbado. Imagina que tu cuerpo cae a plomo y se hunde lentamente en una arena cálida... Sigue los pasos que te indicamos.

1. Túmbate en el suelo boca arriba.

2. Extiende tu cuerpo totalmente.

3. Respira suavemente, con el vientre.

4. Cierra los ojos.

5. Imagina ahora que tu cuerpo se va hundiendo lentamente en una arena cálida.

6. Tu cuerpo es pesado, pesado, pesado... Húndete en esa arena que te acoge y te rodea de manera agradable, amoldándose completamente a la forma de tu cuerpo.

7. Respira honda y lentamente.

8. Siente por todas partes en torno a ti cómo te sujeta y te acuna la arena.

9. Respira honda y lentamente, con el vientre... Suavemente, la arena te mece en su dulce calidez, te abandonas a ella...

10. Y ahora, abre los ojos para volver al aquí y ahora, lentamente.

11. Ponte de lado y siéntate.

12. Levántate sin prisas.

Comentario

Te sientes perfectamente relajado. Seguro que te gusta más este ejercicio que atiborrarte de somníferos.

Ejercicio n° 38 • Agudiza tus sentidos

Es un ejercicio que se puede realizar en todas partes, incluso en el metro, pero es más agradable practicarlo fuera, en plena naturaleza, o al menos con un paisaje natural o urbano próximo.

Ponte de pie, tumbado o sentado.

1. Me acomodo con respecto a mis raíces (mi centro de gravedad).

2. Respiro tranquilamente, lentamente, con el vientre.

3. Agudizo mis sentidos, uno a uno.

• Miro:

– un cuadradito que recorto muy cerca de mí, en el suelo, o en una mesa, en mi ropa... Lo miro fijamente hasta en el más mínimo detalle, como si hubiese luego de describirlo de modo muy concreto: formas, colores, materias...;

– después, lo más lejos posible en el horizonte. Miro fijamente las formas, los colores, los movimientos; imagino lo que puedo ver al otro lado de la línea del horizonte.

- Escucho:

  – todos los ruidos y sonidos del interior de la habitación, del lugar en que me encuentro, e identifico sus fuentes;

  – después, todos los sonidos y ruidos que me llegan del exterior, a lo lejos, e imagino su origen.

- Huelo (olfato) todos los olores (si realizas el ejercicio en el exterior).

- Siento (tacto):

  – el suelo bajo mis pies, el asiento bajo mis nalgas, contra mi espalda, la ropa sobre mi piel (consistencia, materiales...);

  – el aire sobre mi rostro o en mis cabellos, el sol, el calor o el frío.

- Percibo en el interior de mi cuerpo los movimientos de las vísceras, el latido de la sangre, las crispaciones de los músculos, los pulmones que se elevan, el vientre que hace ruido...

4. Y vuelvo lentamente al aquí y ahora.

Comentario

Cuando hayas realizado este ejercicio, seguramente te sentirás relajado, distendido, reposado, tranquilo... en pocos minutos. Se ha de hacer con moderación, principalmente tras un periodo de estrés o ante una situación que presientas como estresante.

6

·

Prepararse para las situaciones difíciles

La **sexta clave** es la de la imaginación anticipadora.

Un buen método de reducir la intensidad de las reacciones emocionales al estrés es prepararse con la imaginación para las frustraciones, errores y penas que corremos el riesgo de experimentar o que tememos vivir.

Ejercicio n° 39. Representa tu guión catastrofista en tu cine interior

De entrada, vas a hacer una lista de todas las situaciones que creas que son las más estresantes para ti, las hayas o no experimentado. Tras haberlas jerarquizado de la más a la menos estresante, podrás concebir la situación que desees «domesticar», incluso aunque se parezca a un «guión catastrófico» – que no por ello ha de dejar de ser plausible.

Imagina una situación estresante, vívela con la imaginación, en tu cine interior, dejándote llevar por todas las sensaciones, emociones, sentimientos que experimentes. Imagina guiones variados para resolver esta situación.

1. Escoge un momento y un lugar adecuados para concentrarte en esa situación sin que nadie te moleste (bastan de 5 a 10 minutos).

2. Imagina la situación como si proyectaras en tu cabeza un film del que serías el personaje principal.

3. Plantea diversas variantes, incluso un «guión catastrofista», si lo deseas.

4. Imagina cómo vas a reaccionar, probando con varias soluciones.

5. Experimenta todas las sensaciones, todas las emociones, todos los sentimientos que te provoca esta situación.

6. Vuelve a la realidad presente.

Comentario

Puedes recurrir a este ejercicio tantas veces como desees, vinculándolo siempre a la misma situación estresante hasta conseguir que te sea familiar, la «domestiques» y te sientas capaz de actuar más libremente.

Ejercicio nº 40 • Ponte en la piel del héroe

Es una variante *soft* del ejercicio previo: de nuevo te vas a exponer a tu situación estresante con la imaginación.

Imagina a tu héroe preferido en una situación que te estrese.

1. Escoge un momento y un lugar adecuados para concentrarte sin que te molesten (bastan de 5 a 10 minutos).

2. Imagina una situación que te estrese, como si proyectases en tu cabeza un film del que serías el protagonista.

3. Ponte en situación de tu héroe preferido, ya sea actual, histórico o virtual.

4. Míralo actuar en esa situación. Como es tu héroe, encontrará una solución.

5. Ahora, ponte en su lugar y mírate actuar como él lo ha hecho.

6. Resuelve la situación.

7. Vuelve a la realidad presente.

Comentario

Puedes volver a la secuencia varias veces, hasta que te sientas preparado para afrontar la situación en la realidad, sin temor al fracaso.

Ejercicio n° 41. Utiliza la técnica del edredón

Es una técnica que se utiliza cuando alguien te agrede verbalmente, criticándote o con un juicio de valor que te afecta sobre una situación, una persona o sobre ti mismo.

Aprende a no cuestionar las críticas que te hagan, los juicios de valor.

1. Imagínate en la situación siguiente (o en cualquier otra situación que te ponga en presencia de un interlocutor agresivo hacia ti):

Vuelves a la oficina, cansado, tras una baja por una enfermedad debida a un virus que, literalmente, te ha dejado clavado en la cama. Tu compañero te recibe de una manera poco agradable: «¡Qué bien se lo pasa uno en casa mientras los demás curran el doble! Te largaste sin ni siquiera acabar el dossier X... del que me he debido encargar yo durante tu ausencia».

2. En vez de representarte cómo habrías reaccionado normalmente, imagina que no pierdes la calma.

3. Imagina que respondes tranquilamente comenzando con palabras «edredones» del tipo:

- «Es posible...»;
- «Es tu punto de vista...»;
- «Eres libre de pensar lo que quieras...»;
- «Es tu impresión...»;
- «Es tu opinión sobre el tema...»

4. Puedes quedarte aquí o dar tu opinión basándote en hechos y datos objetivos.

Comentario

Con estas palabras, demuestras que has oído el punto de vista de tu interlocutor y no le devuelves agresividad alguna a cambio. Su agresividad ha sido absorbida por el edredón que le presentabas a modo de blando escudo.

Ejercicio n° 42 • Utiliza la técnica del disco rayado

Es una técnica que se ha de utilizar para dar una respuesta negativa, en bucle, como un disco rayado, a alguien que hace *forcing* o para expresar tu punto de vista frente a un interlocutor agresivo.

Aprende a afirmar calmadamente tu punto de vista expresando una firme determinación.

1. Imagínate en la situación siguiente (o en cualquier otra situación que te ponga en presencia de un interlocutor cuya insistencia y obstinación son agresivas):

Has ido a un restaurante con un amigo, que te propone ahora alargar la noche. Pero tú estás cansado y sólo tienes en mente volver a tu casa.

2. Imagina que después de haberle dado tu opinión o una respuesta (aquí, declinas educadamente la propuesta de tu amigo), tu interlocutor insiste...

3. Antes de representarte cómo habrías reaccionado normalmente, imagina que reiteras tu respuesta tranquila y firmemente, y con los mismos términos: «No, no es posible»; «Por mi parte...»; «Creo que...»; «Te lo repito...»; «Pues, bueno, yo no pienso así; estoy convencido de que...»; «He decidido...».

Comentario

En la realidad, quizá necesitarás repetir muchas veces tu respuesta, siempre en los mismos términos, con un tono muy calmado. Este modo de expresarse firmemente sin agresividad ni sumisión se llama «asertividad». Corresponde a la Posición de Vida +/+ (cf. Ejercicio n° 9 a y b)

Ejercicio n° **43** • Pon límites

Se trata de una técnica de repliegue que permite no sentir agresividad. Consiste en no focalizarse visualmente en la imagen del otro ni auditivamente en su voz, y coger elementos periféricos del campo visual y de los ruidos y sonidos del entorno.

En lugar de focalizar sobre tu interlocutor, concéntrate en el entorno.

1. Imagínate en la situación siguiente (o en cualquier otra situación que te ponga en presencia de un interlocutor agresivo):

Estás en el metro. De camino al aeropuerto, llevas algunas maletas voluminosas. Un pasajero te interpela: «¡Hay quien elige a propósito coger el metro cuando va a reventar! ¿No habría podido llamar a un taxi en vez de atiborrar así el vagón?»

2. Antes de representarte cómo habrías reaccionado normal-mente, imagina que dejas de focalizarte visualmente en la imagen del otro...

...y luego que dejas de focalizarte auditivamente en su voz.

3. Imagina entonces que te interesas por los elementos perifé-ricos de tu campo visual y por los ruidos y sonidos ambien-tales.

Comentario

Esta técnica permite crear una especie de pantalla entre ti y la situación estresante, y, por tanto, limitar el impacto de lo que habitualmente te desestabiliza.

Ejercicio nº 44 • Aprende a distanciarte

Podemos no solamente desviar nuestra atención del interlocu-tor para focalizarla en el entorno, sino también, más radical-mente, imaginarnos en una posición de observador. Nuestro funcionamiento mental nos permite en efecto, en las situacio-nes estresantes, cambiar de posición de percepción.

Vuelve a la situación estresante que has ima-ginado antes... y sal de ella.

1. Deja la posición activa por la de espectador: imagina que observas la situación a una distancia de algunos metros, in-cluso más.

2. Ahora, haz variar mentalmente el tamaño de la imagen así
como su volumen sonoro.

Comentario

*Esta técnica, como la anterior, permite crear una pantalla y
tomar mayor distancia con respecto a la situación estresante:
palabras agresivas, emoción negativa...*

7.

Dinamizarse mentalmente

La **séptima clave** es la utilizada, por ejemplo, por los deportistas de alto nivel para conservar sus reservas emocionales y movilizar toda su energía en un instante, sobreponerse al estrés negativo y convertirlo en combatividad. Es la clave de la visualización positiva, que consiste en imaginar que se tiene éxito.

Ejercicio n° 45 . Escoge y pule tu momento recurso

La primera técnica de visualización positiva que has de utilizar es la que te va a permitir recargarte en pocos segundos gracias al **anclaje sensorial de un momento feliz del pasado**, que se convertirá en nuestro momento recurso.

Al igual que, en los ejercicios de relajación dinámica de la quinta parte, has explorado el momento actual con todos tus sentidos, vas a explorar ahora un momento privilegiado del pasado con todos tus sentidos.

Transpórtate a un momento feliz del pasado y explóralo con todos tus sentidos.

1. Me pongo en una postura cómoda, tranquilo, cómodo en mis raíces. Cierro los ojos. Parto a buscar en mi memoria. Encuentro el recuerdo de un momento en el que me sentí verdaderamente «bien».

2. Salgo a explorar ese momento con todos mis sentidos, como si debiera contarlo después y compartirlo.

¿Qué veo? Miro atentamente a las personas, los objetos, las formas, los colores, los movimientos...

- -

- -

¿Qué oigo? Escucho atentamente las palabras, los sonidos, los ruidos...

- -

¿Qué huelo? Aspiro a fondo los perfumes, los aromas, los olores…

¿Qué siento en mi piel? ¿Tengo frío? ¿Calor? ¿Está el tiempo seco? ¿Húmedo? ¿Hay viento? ¿Cómo es el suelo que piso? ¿Sobre qué estoy? ¿Es blando? ¿Duro? ¿Liso?

¿Qué siento en mi cuerpo? ¿Qué emociones me habitan? ¿Qué ideas cruzan mi mente?

He de conocer hasta en sus pormenores este momento de tranquila felicidad. Me abandono a él.

Y vuelvo lentamente al aquí y ahora, abro los ojos.

¿Cómo me siento?

Comentario

No se trata de volver a sumergirte en un gran momento de felicidad violenta, como un flechazo o un nacimiento, sino sólo de hallar un instante de tranquilo bienestar. Para algunos, será un amanecer en lo alto de una montaña; para otros, una puesta de sol en el mar; y para otros, un momento de abandono al sol, callejear por una ciudad extranjera, una siesta en un claro a orillas de un arroyo, la fascinación de un fuego de leña en una gran chimenea, el sonido de la lluvia en los cristales cuando se está calentito en la cama, una copa con amigos en la terraza de un bar, un baño prolongado en la tibieza relajante de una bañera, el reposo tras el amor...

Ejercicio nº 46 • Ancla tu momento recurso

Ahora que has elegido tu momento recurso extraído de tu pasado y que lo has explorado con todos tus sentidos (cf. ejercicio nº 45), vas a «anclar» en ti este momento privilegiado. Podrás utilizar este recuerdo positivo como recurso energético en un momento de estrés y frenar las sensaciones negativas que te acosen con violencia.

Vincula el recuerdo sensorial positivo que has escogido con un gesto banal, y provoca así un «reflejo de Pavlov» instantáneo.

1. Escojo un gesto sencillo, aunque pueda parecer maquinal –pero que no es uno de mis gestos habituales–, que pueda realizar en cualquier sitio, incluso en público. Algunas personas eligen, por ejemplo, volverse a poner un mechón de pelo en su sitio, cambiarse de dedo el anillo, tocarse la oreja, apretar un dedo en la otra mano, acariciarse el cuello, cerrar el puño...

Repito este gesto varias veces para habituarme.

2. Me vuelvo a sumergir en la exploración sensorial detallada de mi momento recurso, y mientras me paseo por él, hago varias veces el gesto que he escogido.

3.Hago el gesto y apelo a mi momento recurso.

Comentario

Al cabo de algunos intentos (que realizarás en varios días), cuando hagas el gesto, el momento recurso llegará inmediatamente a tu socorro en caso de necesidad.

Ejercicio n° 47 • Juega al arquero zen

En los textos antiguos, se dice que el arquero zen ve su flecha en el centro de la diana justo antes de lanzarla y de dar en el blanco. Su técnica procede de una visualización positiva del futuro.

Imagina que eres un arquero zen contemporáneo

1.Ponte de pie, con los pies ligeramente separados, extiende los dos brazos en horizontal por delante de ti.

2. Haz una rotación del tronco de 180° hacia uno de los lados, lo máximo que puedas, acompañándote con los brazos.

3. Localiza en la pared o en algún objeto que tengas detrás tu punto de detención (en la prolongación de tus brazos).

4.Localiza con la mirada un punto más alejado.

5. Vuelve a la posición inicial.

6. Cierra los ojos e imagina mentalmente que alcanzas el nuevo punto que te habías fijado.

7. Ejecuta el movimiento en la realidad: das en el blanco con facilidad.

Comentario

Se trata de una técnica utilizada por los deportistas de alto nivel, los cirujanos, cuyas prácticas generan estrés y requieren un gesto preciso y certero...

Ejercicio nº 48 • Visualiza tu objetivo alcanzado

La segunda técnica de visualización positiva que has de utilizar es la que te va a permitir dinamizarte en pocos segundos gracias a la percepción sensorial del éxito de tu objetivo en el futuro. Podrás usarla si tienes un objetivo que te estresa, o una situación en la que no ves ninguna salida.

Con ayuda del siguiente ejercicio, proyéctate al futuro y visualiza que has alcanzado tu objetivo.

1. Mi objetivo.

2. Me pongo en una postura cómoda, bien asentado, cómodo en mis raíces. Cierro los ojos. Me transporto al otro lado del obstáculo: mi objetivo está cumplido, la situación se ha resuelto...

3. Salgo a explorar este momento del futuro donde todo está resuelto, con todos mis sentidos, como si debiera contarlo de inmediato para compartirlo.

¿Qué veo? Miro atentamente a las personas, los objetos, las formas, los colores, los movimientos...

_____

_____

¿Qué oigo? Escucho atentamente las palabras, los sonidos, los ruidos...

_____

_____

¿Qué huelo? Aspiro a fondo los perfumes, los aromas, los olores...

_____

_____

¿Qué siento en mi piel? ¿Tengo frío? ¿Calor? ¿Está el tiempo seco? ¿Húmedo? ¿Hay viento? ¿Cómo es el suelo que piso? ¿Sobre qué estoy? ¿Es blando? ¿Duro? ¿Liso?

_____

_____

¿Qué siento en mi cuerpo? ¿Qué emociones me habitan? ¿Qué ideas cruzan mi mente?

_____

4. He de conocer hasta en sus pormenores este momento de éxito. Me abandono a él.

5. Y vuelvo lentamente al aquí y ahora, abro los ojos.

Comentario

El obstáculo ha sido superado con la fuerza de la imaginación. Tras este ejercicio, experimentas el bienestar que te permitirá alcanzar tus objetivos.

Ejercicio nº 49 . Conserva tus reservas emocionales

Evidentemente, además de estos ejercicios solitarios para crear-te fuentes de energía positiva, es importante que te abras a los demás cultivando y reforzando tus relaciones amistosas y amo-rosas.

Sigue estos consejos para conservar tu red personal, desarrollando tu habilidad en las relaciones.

1. Diles a quienes amas que los amas.

2.Llama por teléfono o envía un e-mail a tus amigos queridos al menos una vez al mes para conservar el vínculo.

3.No declines dos veces seguidas una invitación que venga de alguien a quien aprecias.

4.Organiza fiestas, pequeñas o grandes.

5.Disfruta de estar con tus amigos.

6.Comparte tus alegrías y tus penas con tus amigos.

7.Tómate un tiempo para hacer las actividades que te gustan.

8.Por último, no dudes en aumentar esta lista de sugerencias para preservar la calidad de tus relaciones, prueba de confianza mutua y de estabilidad.

Comentario

¡Y piensa en primer lugar en ser amigo de ti mismo: ámate, cuídate con ternura!

Conclusión

La gestión del estrés se fundamenta, sobre todo, en un cambio del punto de vista sobre uno mismo y los demás.

Este librito y su serie de ejercicios sólo son un rápido vistazo al otro lado del espejo, al país donde el estrés siempre es positivo.

Las siete claves que te permitirán abrir la puerta de par en par a este nuevo universo requieren ser utilizadas habitualmente, cada día. La más mágica es la de la confianza...

Ejercicio nº 50 • Elabora tu plan de acción

Has terminado ya los ejercicios que van a permitirte comprender mejor tu estrés y hallar los medios de controlarlo. Quizá quieras, a partir de las constataciones que acabas de hacer, poner en marcha un plan de acción para cambiar tu comportamiento.

Completa las columnas de la tabla. Las preguntas te guiarán en este ejercicio.

1. ¿Cuáles son los objetivos de mejora que te fijas, tras la lectura de este libro?

2. ¿De qué medios dispones para ello?

3. ¿Cómo vas a lograrlo?

4. ¿Qué plazo te marcas para alcanzar estos objetivos?

5. El siguiente espacio está a tu disposición para anotar tu plan.

Objetivos de desarrollo	Plazos	Medios previstos
1.		
2.		
3.		
4.		

Comentario

¡Tu plan está listo! ¡Dispones de todos los elementos para pasar a la acción!

Antigua alumna de la Escuela Normal Superior (1966 Letras), después de una carrera profesional con variada formación en diferentes técnicas de comportamiento y cognitivas, **Laurence Levasseur** es actualmente «consejera de proyectos» individuales y colectivos en su consultorio LL, creado en 1994.